中华人民共和国
法律援助法
条文解读与法律适用

ZHONGHUA RENMIN GONGHEGUO
FALÜ YUANZHUFA TIAOWEN JIEDU YU FALÜ SHIYONG

江必新　夏道虎 ◎主编

中国法制出版社
CHINA LEGAL PUBLISHING HOUSE

编辑委员会

撰　稿　人

（以姓氏笔画为序排列）

占书鑫　吕长城　仲　威　刘　璇　孙　笑
孙安然　杜月秋　李卫华　李佳鸿　杨　晓
吴伦基　吴晓蓉　何　斐　张　龑　赵凌峰
赵铖柯　胡敏慧　袁东筱　曹　霞　谢　逍
潘慧宇

10.《国务院、中央军委关于进一步加强军人军属法律援助工作的意见》(国发〔2014〕37号),简称《军人军属法律援助工作意见》。

11.《中共中央政法委员会、财政部、最高人民法院、最高人民检察院、公安部、司法部关于印发〈关于建立完善国家司法救助制度的意见(试行)〉的通知》(中政委〔2014〕3号),简称《司法救助制度意见》。

12.《最高人民法院关于适用〈中华人民共和国刑事诉讼法〉的解释》(法释〔2021〕1号),简称2021年《刑诉法解释》。涉及其他司法解释也相同。

13.《最高人民法院、司法部关于印发〈关于民事诉讼法律援助工作的规定〉的通知》(司发通〔2005〕77号),简称《民事诉讼法律援助工作规定》。

14.《最高人民法院、最高人民检察院、公安部、司法部关于印发〈关于刑事诉讼法律援助工作的规定〉的通知》(司发通〔2013〕18号),简称《刑事诉讼法律援助工作规定》。

15.《最高人民法院、司法部关于印发〈关于加强国家赔偿法律援助工作的意见〉的通知》(司发通〔2014〕1号),简称《国家赔偿法律援助工作意见》。

16.《最高人民法院关于加强和规范人民法院国家司法救助工作的意见》(法发〔2016〕16号),简称《司法救助工作意见》。

17.《人民法院国家司法救助案件办理程序规定(试行)》,简称《司法救助案件办理程序规定》。

18.《最高人民法院关于审理侵犯商业秘密民事案件适用法律若干问题的规定》(法释〔2020〕7号),简称《侵犯商业秘密民事案件规定》。

19.《最高人民法院关于审理不正当竞争民事案件应用法律若干问题的解释》(法释〔2020〕19号),简称《不正当竞争民事案件解释》。

凡　例

1. 本书法律文件名称中的“中华人民共和国”省略，其余一般不省略。例如，《中华人民共和国律师法》简称《律师法》，《中华人民共和国保守国家秘密法实施条例》简称《保守国家秘密法实施条例》。涉及其他法律法规也相同。

2. 本次制定的《法律援助法》直接表述为本法。

3. 现行2018年修正的《刑事诉讼法》不注明年份，简称《刑事诉讼法》。其他标注年份，简称1996年《刑事诉讼法》等。涉及其他法也以相同方式注明。

4.《全国人民代表大会宪法和法律委员会关于〈中华人民共和国法律援助法（草案）〉修改情况的汇报》，简称《修改情况的汇报》。

5.《全国人民代表大会宪法和法律委员会关于〈中华人民共和国法律援助法（草案）〉审议结果的报告》，简称《审议结果的报告》。

6.《中华人民共和国法律援助法（草案）》，简称《法律援助法（草案）》；《中华人民共和国法律援助法（草案二次审议稿）》，简称《法律援助法（二审稿）》。

7.《国务院关于印发“十三五”推进基本公共服务均等化规划的通知》(国发〔2017〕9号)，简称《基本公共服务均等化规划》。

8.《中共中央办公厅、国务院办公厅印发〈关于加快推进公共法律服务体系建设的意见〉》，简称《公共法律服务体系建设意见》。

9.《中共中央办公厅、国务院办公厅印发〈关于完善法律援助制度的意见〉》(中办发〔2015〕37号)，简称《法律援助制度意见》。

重总结法律援助工作经验，注重解决法律援助实践问题，明确法律援助的概念，拓宽法律援助的提供主体和渠道，丰富法律援助工作形式，优化法律援助工作程序，加大法律援助经费保障和社会支持力度，同时为以后进一步扩展法律援助范围预留空间，让更多符合条件的力量，更有积极性地开展法律援助工作，让更多需要法律援助的公民，更加便利地享受更高质量的法律援助服务。

学习好、贯彻好、实施好《法律援助法》意义深远、责任重大、任务艰巨。为了让社会各界能够准确理解和把握立法原意，了解和掌握《法律援助法》中确立的各项具体制度，推动法律援助制度在实践中得到有效贯彻与实施，我们汇聚了一批有着坚实理论素养和丰富实践经验的同志，编写了《中华人民共和国法律援助法条文解读与法律适用》一书。本书按照立法背景、条文解读与法律适用等体例，对《法律援助法》7 章 71 个条文，进行逐条解释。立法背景对条文的变迁和制定原因进行说明。条文解读与法律适用主要从条文含义、法律适用等方面进行全方位解析，对条文适用过程中可能出现的热点、难点问题，简要评述实务见解，帮助广大法律援助工作者及其他读者，准确把握和精准适用《法律援助法》。

希望本书的出版，能够实现我们的初衷，更希望广大读者将本书的疏漏与不足及时反馈给我们，我们将不胜感激。

前 言

2021年8月20日，第十三届全国人大常委会第三十次会议通过《中华人民共和国法律援助法》（以下简称《法律援助法》），自2022年1月1日起施行。制定《法律援助法》，是贯彻落实党中央关于推进全面依法治国的重大战略部署的重要举措，是完善中国特色社会主义法律援助制度的必然要求，是努力让人民群众在每一个司法案件中感受到公平正义的实际行动，对于更好维护公民合法权益、保障法律正确实施、实现社会公平正义具有十分重要的意义。

法律援助工作在我国已开展40多年，是一项比较成熟的制度，实践中积累了大量宝贵经验。自1979年全国人大通过《中华人民共和国刑事诉讼法》规定指定辩护以来，经过40多年，我国法律援助制度在实践中不断探索、不断发展。2003年，国务院制定《法律援助条例》，推动我国法律援助立法"从无到有"，为规范和促进法律援助事业发展发挥了重要作用。近年来，法律援助覆盖面逐步扩大、服务质量不断提高、建章立制积极推进、保障能力逐步增强，在维护公民合法权益、促进社会公平正义等方面发挥了积极作用。但随着我国经济社会不断发展，社会主要矛盾转化为人民日益增长的美好生活需要和不平衡不充分的发展之间的矛盾，人民群众在民主、法治、公平、正义、安全、环境等方面的需求日益增长。《法律援助条例》已经不能很好地适应法律援助工作需要，与人民群众特别是困难群众日益增长的法律援助需求相比，法律援助工作还存在制度不够完善、保障不够充分、援助范围亟待扩大等问题。《法律援助法》积极回应时代要求、人民需求，注

20.《最高人民法院、司法部印发〈关于开展刑事案件律师辩护全覆盖试点工作的办法〉的通知》（司发通〔2017〕106号），简称《刑事案件律师辩护全覆盖试点工作办法》。

21.《最高人民法院司法救助委员会工作规则（试行）》，简称《司法救助委员会工作规则》。

22.《最高人民法院印发〈关于对经济确有困难的当事人提供司法救助的规定〉的通知》（法发〔2005〕6号），简称《司法救助规定》。

23.《最高人民检察院关于印发〈人民检察院国家司法救助工作细则（试行）〉的通知》（高检发刑申字〔2016〕1号），简称《司法救助工作细则》。

24.《最高人民检察院、国务院扶贫开发领导小组办公室关于检察机关国家司法救助工作支持脱贫攻坚的实施意见》，简称《司法救助工作支持脱贫攻坚实施意见》。

25.《财政部、民政部、国家工商行政管理总局关于印发〈政府购买服务管理办法（暂行）〉的通知》（财综〔2014〕96号），简称《政府购买服务管理办法》。

26.《司法部关于印发〈法律援助格式文书（示范文本）〉的通知》（司发通〔2005〕93号），简称《法律援助格式文书》。

27.《司法部关于进一步推进法律援助工作的意见》（司发通〔2013〕88号），简称《法律援助工作意见》。

28.《司法部关于规范有效使用中央补助地方法律援助办案专款的通知》（司发通〔2005〕84号），简称《法律援助办案专款通知》。

29.《司法部、财政部关于印发〈中央补助地方法律援助办案专款管理暂行办法〉》（财行〔2005〕191号），简称《法律援助办案专款管理办法》。

30.《司法部、财政部印发〈关于律师开展法律援助工作的意见〉的通知》（司发通〔2017〕15号），简称《律师开展法律援助工作意见》。

31.《司法部、财政部印发〈关于完善法律援助补贴标准的指导意见〉的通知》(司发通〔2019〕27号),简称《法律援助补贴标准指导意见》。

32.《司法部关于印发〈律师和基层法律服务工作者开展法律援助工作暂行管理办法〉的通知》(司发通〔2004〕132号),简称《律师和基层法律服务工作者开展法律援助工作办法》。

33.《中华全国律师协会关于印发〈律师职业道德基本准则〉的通知》(律发〔2014〕3号),简称《律师职业道德基本准则》。

34.《司法部关于进一步加强律师职业道德建设的意见》(司发〔2014〕8号),简称《律师职业道德建设意见》。

35.《司法部关于印发〈法律援助投诉处理办法〉的通知》(司发通〔2013〕161号),简称《法律援助投诉处理办法》。

36.《司法部公共法律服务管理局、中华全国律师协会关于印发〈未成年人法律援助服务指引(试行)〉的通知》(司公通〔2020〕12号),简称《未成年人法律援助服务指引》。

37.《司法部关于进一步加强律师监督和惩戒工作的意见》(司发〔2004〕8号),简称《律师监督和惩戒工作意见》。

38.《中华全国律师协会关于印发加入修正案内容的〈律师执业行为规范(试行)〉的通知》(律发通〔2018〕58号),简称《律师执业行为规范》。

39.《中华全国律师协会关于印发〈律师协会会员违规行为处分规则(试行)〉的通知》(律发通〔2017〕14号),简称《律师协会会员违规行为处分规则》。

40.《司法部关于印发〈关于促进律师参与公益法律服务的意见〉的通知》(司发通〔2019〕105号),简称《律师参与公益法律服务的意见》。

目 录

Contents

附　录

第一章　总　则

本章概述

总则部分共11条，分别规定了法律援助的立法目的、概念、基本原则等。本法其他内容均围绕总则作出具体规定。

第一条 【立法目的】为了规范和促进法律援助工作，保障公民和有关当事人的合法权益，保障法律正确实施，维护社会公平正义，制定本法。

【立法背景】

本条是关于本法立法目的的规定。我国法律援助制度在机构建设、建章立制、业务开展等方面不断发展完善，为维护公民合法权益、促进社会公平正义发挥了积极作用。1994 年司法部提出了建立法律援助制度。1996 年《刑事诉讼法》首次将法律援助明确写入法律。2003 年，国务院制定《法律援助条例》，推动我国法律援助立法“从无到有”，对规范和促进法律援助事业发展发挥了重要作用。近年来，法律援助覆盖面逐步扩大、服务质量不断提高、建章立制积极推进、保障功能逐步增强，在维护公民合法权益、维护社会公平正义等方面发挥了积极作用。随着我国经济社会不断发展，《法律援助条例》已经不能很好地适应法律援助工作需要，与人民群众特别是困难群众日益增长的法律援助需求相比，法律援助工作还存在制度不够完善、保障不够充分、援助范围亟待扩大等问题。因此，及时制定本法，将法律援助立法形式从行政法规上升为法律，是贯彻落实党中央关于推进全面依法治国的重大战略部署的重要举措，是完善中国特色社会主义法律援助制度的必然要求，是努力让人民群众在每一个司法案件中感受到公平正义的实际行动，对于更好地维护公民合法权益、保障法律正确实施、维护社会公平正义具有十分重要的意义。

【条文解读与法律适用】

本法积极回应社会关切，注重总结和吸收我国多年法律援助实践经验，在立法目的等方面做了充实完善，具体体现在以下四个方面。

1. 规范和促进法律援助工作。法律援助作为一项法律制度，其具体实施工作需要法律法规进行规范。在本法制定之前，法律援助工作主要依据国务院2003年制定的《法律援助条例》。多年来，法律援助制度在中国发展取得显著进步，但实践中也存在影响法律援助制度进一步发展的障碍。一是法律援助资源有待进一步扩充。我国法律援助制度存在供求不平衡的现象，法律援助供应量有限，但人民群众对法律服务的需求持续增长。2013年，我国对法律援助工作拨款为16.29亿元，人均法律援助拨款仅为1.21元。[①] 此外，我国律师数量在法律援助实践中也显得不足，特别是经济社会发展相对落后的地区，律师资源稀缺，更不用说提供法律援助。二是法律援助范围有待进一步拓展。实践中，部分需要法律援助的公民因自身条件不符合要求而无法获得法律援助，辩护律师因无法及时进入诉讼阶段而无法有效进行辩护，法律援助主体范围、客体范围、具体程序都需进一步规范。三是法律援助案件质量有待进一步提高。实践中，部分律师不够重视法律援助案件，在办理法律援助案件时存在不积极履职等现象，成为影响法律援助质量的重要因素。近年来，许多人大代表针对上述问题，提出议案和建议，希望加快法律援助立法、完善法律援助制度。在此背景下，为有效解决制约法律援助事业发展的难点问题，推动法律援助工作规范化，促进法律援助工作高质量发展，制定本法成为必然要求。

2. 保障公民和有关当事人合法权益。法律援助工作是体现以人民为中心的发展思想、切实维护人民群众合法权益的一项民生工程。保障公民和有关当事人合法权益，是法律援助制度所追求的重要目标，即保障公民不因经济困难而失去平等、公正的法律保护。本法的制定，即是通过调节法律援助资源再分配，保障贫困和弱势公民享有平等的法律服务，与其他公民一样能够平等地站在法律面前，公正地实现自己的合法权益。现实生活中，法律援助通过向缺乏能力、经济困难的当事人提供法律帮助，让他们切实感受到法治的力量和温暖。此外，制定本法，亦是尊重和保障人权的现实需要。与《法律援助条例》相比，本法加大人权保障力度，把保障公民和有关当事人合法权益体现在法律援助范围、法律援助申请与审查、法律援助实施等各方面、全过程，进一步彰显我国人权保护的法治进步，必将在我国人权司法保障进

---

① 司法部法律援助中心编：《2013年中国法律援助年鉴》，中国民主法制出版社2015年版，第204页。

程中发挥重要作用。本法出台后，社会各界普遍认为，无论是法律援助覆盖面，还是法律援助保障力度和质量监督管理内容等方面，都有实质性提高和进步，更有利于保障受援人的合法权益。

3. 保障法律正确实施。法律的生命在于实施。在中国特色社会主义法律体系已经形成的背景下，确保宪法和法律统一正确实施，对于全面推进依法治国，加快“法治中国”建设具有重要意义。宪法和法律实施，是指宪法、法律等规范性法律文件在实施过程中，从抽象的行为模式转变为具体行为规范，它涵盖执法、司法、守法和法律监督等方面。保障宪法和法律实施有助于彰显当代法治内在价值。“法治”体现民主、自由、平等、人权、理性、文明、秩序、正义、效益等价值。只有全面、及时、统一、正确实施宪法和法律，才能让各项法律规定从纸面走进生活，切实形成和谐有序的社会主义法治秩序。[①] 现代法治的基本要求之一就是保障宪法和法律的有效实施，让全社会自觉学法、尊法、信法、守法、护法，努力让法治内在价值得以彰显。本法在具体制度上，采取多项措施保障这一目的实现。通过使本法规定的各项制度在执法、司法、守法各环节中得到正确适用、贯彻落实，确保本法调整的抽象权利义务关系转化为现实生活中的具体权利义务关系。[②] 本法制定全过程都认真落实党中央关于法律援助工作的决策部署，在总结我国法律援助实践经验基础上，坚持问题导向，对法律援助概念、基本原则、运行机制以及法律援助形式和范围、程序和实施、保障和监督等法律援助工作重要方面、重点环节作出全面系统规定。法律援助制度从行政法规上升为法律，不仅是形式升格，更是实质内容完善；不仅让公民切实感受到法律援助的功效，更在于最大限度地避免法律调整和规范的“死角”，从而切实保障法律所规定的社会关系得以实现。本法的颁布实施，不仅对司法实践尤其是法律援助工作实践的经验总结，更是法律援助制度在新形势下的新发展。实践中，应当准确理解与适用本法，切实把法律援助各项制度规范贯彻落实到执法、司法、守法等各环节、全过程，切实保障法律正确实施，有效维护社会公平正义。

---

① 张勇、熊选国主编：《中华人民共和国法律援助法释义》，法律出版社 2021 年版，第 25 页。

② 喻少如主编：《法律援助法条文解读与适用要点》，法律出版社 2021 年版，第 3 页。

4. 维护社会公平正义。法律援助制度是维护社会公平正义的一项重要制度安排。法律援助制度保障社会公正体现在两方面：一是保障公民不受经济困难等因素的影响，有权获得同等的法律服务与帮助，与其他公民平等地行使诉讼权利。二是帮助犯罪嫌疑人、被告人获得有效辩护，平衡控、辩双方的力量，以保障审判程序的正当性，防止出现冤假错案。[①] 制定本法，就是进一步完善法律援助制度，让人民群众无论经济情况好坏、社会地位高低，在遇到法律问题或权益受到侵害时都能及时有效地获得法律帮助。贯彻实施本法有利于让符合条件的公民都能获得法律援助，平等得到法律保护，切实把法治价值、平等价值、公正价值贯穿法律援助工作全过程，有效发挥法律援助制度在维护人民合法权益、服务经济社会发展、推进法治国家建设中的重要作用。

（张龑　撰写）

① 樊崇义：《我国法律援助立法与实践的哲理思维》，载《江西社会科学》2021年第6期。

第二条　【概念】本法所称法律援助，是国家建立的为经济困难公民和符合法定条件的其他当事人无偿提供法律咨询、代理、刑事辩护等法律服务的制度，是公共法律服务体系的组成部分。

【立法背景】

本条是关于法律援助概念的规定。我国早在2003年《法律援助条例》中就对法律援助进行了解释，但没有对法律援助内涵进行立法界定。直到2015年，《法律援助制度意见》才首次对法律援助制度的内涵进行了明确阐释，具体表述为，法律援助是国家建立的保障经济困难公民和特殊案件当事人获得必要的法律咨询、代理、刑事辩护等无偿法律服务，维护当事人合法权益、维护法律正确实施、维护社会公平正义的一项重要法律制度。

【条文解读与法律适用】

本条进一步明确了法律援助的概念，通过对法律援助概念的立法界定，明确了法律援助的主体、对象、性质、内容、形式和重要地位。

1. 法律援助的责任主体是国家。法律援助制度体现国家对弱势群体的权利保障和关怀，旨在促进社会公正，是社会保障和救济体系的重要组成部分。县级以上人民政府应当将法律援助工作纳入国民经济和社会发展规划、基本公共服务体系，保障法律援助事业与经济社会协调发展。通过立法明确为经济困难公民提供法律援助体现国家责任，有利于更好地贯彻“国家尊重和保障人权”“法律面前人人平等”的宪法基本原则和精神。明确法律援助是政府责任，主要是要求政府制定相关政策，积极采取措施引导和推动这项工作，其中包括：政府要为开展法律援助提供必要的机构保障和人员保障；调动广大律师、社会组织等多方面积极性；政府提供必要经费保障；广泛开辟资金渠道，鼓励各方面对法律援助提供支持。本法积极适应新时代新要求，明确法律援助是国家建立的一项法律制度，包括负责制定法律援助法律法规以及政策、投入经费、机构设立、组织实施以及监督管理等，不仅政府有责任，立法机关、司法机关以及社会各方面都有责任。[①] 明确法律援助国家责任，有利于调动更多力量参与法律援助工作，推动法律援助国家保障与社会参与相结合，鼓励和支持更多人民团体、事业单位、社会组织等法律援助主体，依法参与法律援助工作，持续推动法律援助工作健康有序发展。

2. 法律援助的对象包括经济困难公民和符合法定条件的其他当事人两类。改革开放以来，随着社会主义市场经济的不断发展，人们之间的相互交往空间逐步扩大，各种社会关系日趋多样复杂。立法的完善使越来越多的社会关系纳入法律调整的范围，广大人民群众的民主权利和人身、财产等权利也越来越多地需要借助法律予以保障。同时，一部分公民请不起律师、打不起官司，没有经济能力获取法律服务。为了保障经济困难公民能够同其他公民一样有机会平等地获取法律援助，有机会平等地进入司法程序、获得平等法律服务，就必须通过立法不断完善和规范法律援助制度。因此，保障经济困难公民获得必要的法律援助成为制定本法的重要目的。具体而言，法律援助是面向经济困难公民的一项救济措施，因而把法律援助的受援对象限定在经济困难的标准上，即法律援助是当事人确需专业法律服务，却又无力支付相关费用，由国家负责为其提供法律帮助的制度。根据经济发展实际情况，经济困难的标准会随之变化。实践中，经济困难的标准，由省、自治区、直辖市人民政府根据本行政区域经济发展状况和法律援助工作需要确定，并实行动态调整。关于符合法定条件的其他当事人，在本法第 24 条至第 32 条作了详细规定。

3. 法律援助是无偿的。“无偿”是法律援助的重要特征，真正体现援助性质。法律援助服务均无偿提供给受援人，受援人无需承担与此相关的义务，如无需缴纳服务费用或提供相应财物。这笔费用由国家支付。法律援助机构不得以任何理由办理有偿法律援助案件。《法律援助条例》也明确规定法律援助是免费服务，并对办理法律援助案件收取当事人财物以及法律援助机构从事有偿服务行为，明确规定了处罚措施。本法延续这一立法精神。在市场经济条件下，执业人等对求助者进行专业的法律服务，本应获得同等对价。由于智识、经济因素造成的个体差别，导致这类群体难以及时进行维权，甚至

① 张勇、熊选国主编：《中华人民共和国法律援助法释义》，法律出版社 2021 年版，第 30 页。

止步于诉讼。国家履行公共管理职能，有必要通过法律援助切实解决这类现象。虽然市场经济遵循等价有偿原则，但仅依靠市场自身调节，有偿的、专业的乃至高价的法律服务，对于经济困难的公民来说是难以承受的。需要说明的是，我国法律援助是无偿的，而不是减交、缓交费用。

4. 法律援助的具体内容是为受援助者提供法律服务。所谓法律服务系指律师、非律师法律工作者、法律专业人士（包括法人内部在职人员，退、离休政法人员等）或相关机构以其法律知识和技能为法人或自然人实现其正当权益、排除不法侵害、防范法律风险、维护自身合法权益而提供的专业活动。本法第三章详细规定了法律援助的形式和范围，例如，提供法律咨询、代拟法律文书、刑事辩护与代理，民事案件、行政案件、国家赔偿案件的诉讼代理和非诉讼代理，值班律师法律帮助、劳动争议调解与仲裁代理等。

5. 本条还明确了法律援助的地位以及与公共法律服务体系的关系。公共法律服务是保障和改善民生的重要举措，是全面依法治国基础性、服务性和保障性工作。推进公共法律服务体系建设，对于更好满足广大人民群众日益增长的美好生活需要、提升国家治理体系和治理能力现代化水平具有重要意义。2017 年 1 月，法律援助作为基本社会服务的重要内容被写进《基本公共服务均等化规划》，“公共法律服务体系建设” 成为实现基本社会服务的重要保障措施之一。2019 年 7 月，《公共法律服务体系建设意见》对加快建设覆盖全业务、全时空的法律服务网络作出顶层设计。法律援助不仅是基本公共法律服务的重要内容，而且已经成为衔接法律咨询、人民调解、司法鉴定和公证等其他基本公共法律服务的重要工作。

（赵凌峰　撰写）

第三条 【基本原则】法律援助工作坚持中国共产党领导，坚持以人民为中心，尊重和保障人权，遵循公开、公平、公正的原则，实行国家保障与社会参与相结合。

【立法背景】

本条是关于法律援助工作基本原则的规定。坚持什么样的立法原则和指导思想，是制定本法的首要问题。法律援助工作基本原则贯穿于全部法律援助具体规范之中，对法律援助工作实施具有普遍指导意义，是基础性、本源性的法律准则。

【条文解读与法律适用】

法律援助工作的基本原则并非宣示性条款，而是具有适用效力。法律援助工作基本原则不仅是解释法律援助法律法规的基准，而且是补充法律漏洞的工具。在现行法律缺乏相应具体规范、出现法律漏洞时，法律援助实施主体可直接通过法律援助基本原则对其进行理解和把握。

1. 坚持中国共产党领导。中国共产党领导是中国特色社会主义最本质的特征，是社会主义法治最根本的保证。法律援助工作必须把坚持中国共产党领导贯穿于法律援助工作全过程和各方面。党中央历来高度重视法律援助工作，尤其是党的十八大以来，以习近平同志为核心的党中央从更好满足广大人民群众日益增长的美好生活需要、提高国家治理体系和治理能力现代化的新高度，对完善法律援助制度、加强法律援助工作作出部署安排。2014 年，《中共中央关于全面推进依法治国若干重大问题的决定》提出，建设完备的法律服务体系，完善法律援助制度，健全司法救助体系。2015 年，《法律援助制度意见》进一步明确法律援助工作持续发展的指导思想、基本原则、政策措施。2019 年，《公共法律服务体系建设意见》从构建完善公共法律服务体系的角度，对推进法律援助工作提出明确要求。总之，法律援助工作必须充分发挥党总揽全局、协调各方的领导核心作用，通过贯彻落实好本法，保障党的政策有效实施，确保法律援助工作的正确政治方向。

2. 坚持以人民为中心。人民立场是中国共产党的根本政治立场。习近平总书记指出："法治建设要为了人民、依靠人民、造福人民、保护人民。"[①]"要把体现人民利益、反映人民愿望、维护人民权益、增进人民福祉落实到全面依法治国各领域全过程，保证人民在党的领导下通过各种途径和形式管理国家事务、管理经济文化事业、管理社会事务，保证人民依法享有广泛的权利和自由、承担应尽的义务。"[②] 法律援助是一项重要的民生工程，是服务保障和改善民生的重要工作。法律援助工作在服务保障和改善民生中承担重要职责，发挥独特作用。法律援助通过运用法律手段帮助困难群众解决生活生产等方面问题，促进实现人民安居乐业，让改革发展成果更多更公平惠及全体人民。

3. 尊重和保障人权。人权保障程度是衡量一个现代法治国家法律体系发展进程的重要因素。宪法规定，国家尊重和保障人权。2012 年《刑事诉讼法》，率先将"尊重和保障人权"这一宪法原则规定为刑事诉讼的法律原则，并贯彻于刑事诉讼辩护制度具体规范中，如进一步扩大法律援助范围等。本次立法坚持以习近平新时代中国特色社会主义思想为指导，认真落实党中央关于法律援助工作的决策部署，始终把维护人民群众合法权益作为出发点和落脚点，进一步扩大了刑事、民事法律援助的范围，并对我国《刑事诉讼法》和《律师法》等法律中只作原则性规定的法律援助规范，作了详细规定，通过提供无偿法律援助，为人民群众生存权、发展权保驾护航，从组织管理和经费保障等方面构筑比较完善的法律援助体系，让公民不论经济条件好坏、社会地位高低，都能平等地进入诉讼程序，获得及时便利、优质高效的法律援助服务，实现宪法法律赋予的权利，保证其依法享有广泛权利和自由，充分彰显中国人权保障的发展进步和制度优势。

4. 遵循公开、公平、公正的原则。"公开、公平、公正原则"是相互联系、不可分割的统一整体。本法多处规定体现公开、公平、公正原则。本法进一步扩大了法律援助范围，敦促各类实施主体依法履行法律援助职责，使

---

① 习近平：《习近平谈治国理政》（第三卷），外文出版社 2020 年版，第 284 页。

② 习近平：《坚定不移走中国特色社会主义法治道路 为全面建设社会主义现代化国家提供有力法治保障》，载《求是》2021 年第 5 期。

符合条件的公民都能获得法律援助，平等享受法律保护，努力让人民群众在每一个司法案件中感受到公平正义。具体来讲，“公开”是指有关法律援助的规定应当公布，未经公布的，不得作为实施法律援助的依据；法律援助的实施和结果，除涉及国家秘密、商业秘密和个人隐私外，都应当公开。“公平”“公正”是指申请人只要符合法定条件、标准，即有依法取得法律援助的平等权利，行政机关不得歧视。“公平”最重要的价值是保障法律面前人人平等和机会均等，避免歧视对待；“公正”主要是维护正义，防止徇私舞弊。“公平”强调实质正义和实体正义，核心是平等；“公正”强调形式正义和程序正义，核心是保持中立。

5. 国家保障和社会参与。法律援助工作坚持国家保障与社会参与相结合原则。法律援助强化国家对弱势群体的权利保障和关怀，以实现社会公正，属于社会保障和救济体系的重要组成部分。县级以上人民政府应当将法律援助工作纳入国民经济和社会发展规划、基本公共服务体系，保障法律援助事业与经济社会协调发展。本法鼓励和支持人民团体、事业单位、社会组织在司法行政部门指导下，依法参与法律援助工作。同时本法新增鼓励社会捐赠的条款，鼓励和支持组织、个人提供法律援助志愿服务，捐助法律援助事业，推动法律援助事业实现可持续发展。

（赵凌峰　撰写）

第四条 【法律援助保障体系】 县级以上人民政府应当将法律援助工作纳入国民经济和社会发展规划、基本公共服务体系，保障法律援助事业与经济社会协调发展。

县级以上人民政府应当健全法律援助保障体系，将法律援助相关经费列入本级政府预算，建立动态调整机制，保障法律援助工作需要，促进法律援助均衡发展。

【立法背景】

本条是关于法律援助政府保障职责的规定。根据本条规定，县级以上人民政府应当将法律援助工作纳入国民经济和社会发展规划。当前，城乡之间、地区之间以及法律援助制度内部各要素之间亦存在发展不充分不平衡问题，各级政府应当切实发挥保障作用，根据本行政区域行政经济发展状况和法律援助工作需要，建立和保障与经济社会发展水平相适应的法律援助制度。为此，将法律援助工作纳入国民经济和社会发展规划，有利于县级以上人民政府及其有关部门树立全局意识、大局意识，从推进共同富裕的高度进行宏观考虑、统筹部署，切实弥补市场缺陷，有效配置资源，促进法律援助事业协调发展。

【条文解读与法律适用】

1. 将法律援助工作纳入国民经济和社会发展规划、基本公共服务体系。县级以上人民政府应当将法律援助工作纳入地方国民经济和社会发展规划。国民经济和社会发展规划是人民政府统筹安排和指导全国或某一地区的社会、经济、文化建设工作的计划。县级以上人民政府应当将法律援助工作纳入规划，既意味着安排法律援助工作成为政府重要职责，也意味着法律援助工作要与社会、经济、文化建设工作协调发展，一并部署安排。基本公共服务体系是由政府主导，保障全体公民生存和发展的基本需要，由基本公共服务范围和标准、资源配置、管理运行、供给方式以及绩效评价等构成的系统性、整体性制度安排。将法律援助纳入基本公共服务体系是扎实推进共同富裕的重要举措，其核心是实现机会平等、权利平等、规则平等。

2. 将法律援助相关经费列入本级政府预算，建立动态调整机制。法律援助经费来源主要有两种渠道：一是基于政府财政支持，即财政拨款，这是法律援助经费来源的主要渠道和基础。县级以上人民政府应当采取切实措施，将法律援助经费纳入政府公共财政支出范围，纳入地方财政预算，并明确法律援助经费的投入办法和标准，建立对本行政区域法律援助最低经费保障机制。随着当地经济发展水平的提高不断增加经费支持力度，保障法律援助事业与经济、社会协调发展。二是社会捐助，这是法律援助经费来源的补充渠道，包括以基金形式接受的捐助，公民、法人或者其他组织对法律援助或者对某些社会弱势群体的捐助，法律服务组织的捐助。关于动态调整机制，主要是为了合理确定并及时规范完善法律援助补贴标准。法律援助补贴，是指法律援助机构按照规定支付给社会律师、基层法律服务工作者、社会组织人员等法律援助事项承办人员的费用。此外，应当将组织法律服务人员开展集中法律咨询服务、宣传、法治讲座、案件质量评估、优秀案例评选、案件点评的费用和法律援助工作表彰、奖励等经费纳入补贴范围，并在原有法律援助补贴范围的基础上，将律师值班、办案支出、案件质量管理评估、法律帮助以及其他直接费用等进行完善。

3. 法律援助费用专款专用、动态调整。为达到法律援助经费管理的目的，其经费管理应当遵循专款专用原则。法律援助的宗旨在于保障经济困难当事人能够平等地实现合法权益。从这个意义上讲，法律援助的经费性质类似于救济款项。国家对救济款项的使用和管理都有比其他经费的使用和管理更为严格的规定。为了最大限度地保证经济困难当事人获得及时、有效的法律保护，无论哪种渠道来源的法律援助经费，都必须专款专用，不得改变法律援助经费的用途和性质。同时，地方政府的经费投入和保障应当与本行政区域法律援助工作需要相适应，及时进行动态调整，以促进法律援助均衡发展。

（赵凌峰　撰写）

第五条　【法律援助工作指导监督】国务院司法行政部门指导、监督全国的法律援助工作。县级以上地方人民政府司法行政部门指导、监督本行政区域的法律援助工作。

县级以上人民政府其他有关部门依照各自职责，为法律援助工作提供支持和保障。

【立法背景】

本条是关于法律援助工作指导、监督部门与协助部门职责的规定。根据本条规定，县级以上地方人民政府司法行政部门应当履行对法律援助工作的指导监督，对法律援助机构及其工作人员履行职责的情况、法律援助案件具体承办人员提供法律援助服务的情况、社会组织利用自身资源提供法律援助情况等进行指导和监督。法律援助指导、监督是法律援助工作的一项重要内容。法律援助指导监督，目的在于推进法律援助工作制度化、规范化，提高法律援助实施质量和效率，保障受援人获得充分、真实、高质量的法律援助服务，从而实现公正、平等的保护。

【条文解读与法律适用】

根据本条规定，法律援助工作不仅是司法行政部门主要职责，也是政府工作部门共同职责权限，这一规定有利于实现对法律援助工作的整体治理。具体来讲，应当从以下三个方面进行把握。

1. 法律援助指导监督主体。法律援助指导监督主体，是指谁有法定权限对法律援助机构及其相关工作人员和活动等实施指导监督。依据本法，我国法律援助指导监督主体为县级以上各级人民政府司法行政部门。司法行政部门基于行政管理关系，在其职权范围内，对法律援助机构及其工作人员的工作，以及社会法律服务人员履行法律援助义务、社会组织人员提供法律援助等进行监督。

2. 法律援助指导监督对象。法律援助指导监督对象是司法行政部门根据需要确定的法律援助机构、法律援助人员和社会团体、事业单位、社会法律援助组织的法律援助志愿者。法律援助人员主要指在法律援助机构中从事法律援助工作的人员，以及具体承办法律援助案件的社会律师和其他社会组织中在职从事法律援助工作的人员。

3. 法律援助指导监督内容。法律援助指导监督内容较为广泛，涉及法律援助管理工作、法律援助办案质量和社会团体、院校等社会法律援助组织开展法律援助活动三大方面。具体内容包括：一是对法律援助具体工作制度及活动合法性进行监督；二是对各类法律援助人员是否遵守国家法律、工作纪律和职业道德进行监督；三是对各类法律援助人员实施法律援助活动的具体情况进行监督，指导工作，监督办案质量，提出改进意见，监督程序合法性，保证法律援助工作质量。

此外，根据本条第 2 款的规定，县级以上人民政府其他有关部门依照各自职责，为法律援助工作提供支持和保障。法律援助工作顺利开展，切实发挥作用，需要政府其他有关部门支持和协作，提供相应保障。《法律援助制度意见》明确提出，发展改革、民政、财政、人力资源社会保障、国土资源、住房城乡建设、卫生计生、工商、档案等部门要按照职能分工，支持法律援助基层基础设施建设，落实经费保障，提供办案便利。为此，县级以上人民政府其他有关部门应当落实有关文件精神，依据法律规定积极履行各自职责，有效形成工作合力，共同推动法律援助工作，更好保障和改善民生。

（赵凌峰　撰写）

第六条 【公检法机关保障职责】人民法院、人民检察院、公安机关应当在各自职责范围内保障当事人依法获得法律援助，为法律援助人员开展工作提供便利。

【立法背景】

本条是关于公检法机关对法律援助工作保障职责的规定。《法律援助条例》第11条、第12条、第15条、第20条等条文，从申请刑事诉讼法律援助人员范围、刑事诉讼中应当提供法律援助情形、刑事法律援助渠道和受理机构等方面对人民法院法律援助保障职责予以规定。本法在这些规定的基础上，进一步拓展、优化公检法机关保障职责。具体而言，人民法院、人民检察院、公安机关应根据《刑事诉讼法》《法律援助值班律师工作办法》等法律法规的规定，履行各自职责，协助开展法律援助工作并提供保障。例如，公安机关、人民检察院、人民法院需要法律援助机构通知值班律师为犯罪嫌疑人、被告人提供法律帮助的，应当在确定的法律援助日期前3个工作日向法律援助机构出具法律援助通知书，并附相关法律文书，等等。但是值得注意的是，人民法院、人民检察院、公安机关虽然应当在各自职责范围内保障当事人依法获得法律援助，为法律援助人员开展工作提供便利，但是在侦查、审查起诉或审判等刑事司法程序中，仍要以事实为依据、以法律为准绳，不应将法律援助的协助职责与具体工作职责相混同。

【条文解读与法律适用】

如何准确、全面地理解公检法机关保障职责，从本法的规定来看包括以下内容。

1. 保障当事人依法获取法律援助。人民法院、人民检察院、公安机关和有关部门在办理案件或者相关事务中，应当及时告知有关当事人有权依法申请法律援助。例如，法律援助机构可以在人民法院、人民检察院和看守所等场所派驻值班律师，依法为没有辩护人的犯罪嫌疑人、被告人提供法律援助。

又如，刑事案件的犯罪嫌疑人、被告人属于未成年人；视力、听力、言语残疾人；不能完全辨认自己行为的成年人；可能被判处无期徒刑、死刑的人；申请法律援助的死刑复核案件被告人；缺席审判案件的被告人而没有委托辩护人的，人民法院、人民检察院、公安机关应当通知法律援助机构指派律师担任辩护人。再如，对可能被判处无期徒刑、死刑的人，以及死刑复核案件的被告人，法律援助机构收到人民法院、人民检察院、公安机关通知后，应当指派具有三年以上相关执业经历的律师担任辩护人。

2. 公检法机关为法律援助人员开展工作提供便利。根据法律及有关文件规定和现行做法，公检法机关为法律援助工作人员开展工作提供便利措施。2015 年《法律援助制度意见》明确提出，法院、检察院、公安机关要为法律援助办案工作提供必要支持，进一步完善民事诉讼和行政诉讼法律援助与诉讼费用减免缓制度的衔接。例如，人民法院应当根据情况对法律援助人员复制相关材料等费用予以免收或减收。人民法院、人民检察院、公安机关应当保障值班律师依法提供法律援助，依法为值班律师了解情况、阅卷、会见等提供便利。又如，法律援助机构可在人民法院、看守所等场所派驻值班律师，法院、看守所等应当提供相应的办公场所与条件。

（赵凌峰　撰写）

第七条　【行业协会职责】律师协会应当指导和支持律师事务所、律师参与法律援助工作。

【立法背景】

本条是关于律师协会在法律援助工作中的职责规定。《律师法》规定，律师协会是社会团体法人，是律师的自律性组织。全国律师协会章程明确规定，组织开展律师公益法律服务是协会的一项重要职责。律师协会应当认真贯彻落实党中央、国务院关于发展公益法律服务的决策部署和司法部的部署要求，切实担负起公益法律服务工作发起者、组织者、执行者的责任。律师协会作为律师的行业自治组织，在公益法律服务中还应当成为行业风气的倡导者、引领者。实践中，推进律师法律援助事业发展，律师协会具有不可替代、不可或缺的重要功能。[①]《法律援助条例》第 4 条第 2 款规定，中华全国律师协会和地方律师协会应当按照律师协会章程对依据该条例实施的法律援助工作予以协助。2021 年 1 月的《法律援助法（草案）》第 6 条第 3 款对此作出修订，但仍非独立条文。与"人民法院、人民检察院和公安机关"以及"各级人民政府部门"并列。直到 2021 年 6 月的《法律援助法（二审稿）》将其独立成一条，表明律师协会在法律援助工作中发挥的重要作用。

【条文解读与法律适用】

《法律援助条例》第 5 条规定，直辖市、设区的市或者县级人民政府司法行政部门根据需要确定本行政区域的法律援助机构。法律援助机构负责受理、审查法律援助申请，指派或者安排人员为符合该条例规定的公民提供法律援助。第 6 条规定，律师应当依照《律师法》和该条例的规定履行法律援助义务，为受援人提供符合标准的法律服务，依法维护受援人的合法权益，接受律师协会和司法行政部门的监督。本法对以上两条在总则中作了精简和重构，明确律师协会在法律援助中的重要作用。

---

① 吕红兵：《进一步修订〈律师法〉推进律师协会改革》，载《中国司法》2019 年第 4 期。

1. 明确律师协会法律援助重要职责。从行政法规授权到更高位阶法律授权，从《法律援助条例》设置的转授权到本法的直接授权，充分表明律师协会在法律援助工作的重要性日益凸显。此前，《法律援助条例》规定，中华全国律师协会和地方律师协会应当按照律师协会章程对依据本条例实施的法律援助工作予以协助，赋予律师协会协助实施法律援助工作职责。本法实施后，律师协会法律援助职责得到进一步增强，具体体现为从“协助”到“指导和支持”。从法律解释来看，“协助”是支持的一种表现形式，“指导和支持”是从工作范围上拓展，表明律师协会参与法律援助工作得到进一步深化。

2. 明确律师事务所、律师作为法律援助重要主体。《律师和基层法律服务工作者开展法律援助工作办法》第 3 条规定，律师和基层法律服务工作者每年应当接受法律援助机构的指派，办理一定数量的法律援助案件。本法从立法技术上衔接相关规定，专门规定律师事务所和律师作为法律援助实施主体中最主要一类，应当按照国家规定履行法律援助义务，为受援人提供符合标准的法律服务，切实维护受援人合法权益。

3. 律师协会、律师事务所、律师等主体实施法律援助的方式。实践中，律师协会应当从法律援助服务方式、引领激励、工作保障、工作考核、表彰宣传等方面，对律师事务所、律师参与法律援助工作进行引导和支持。首先，律师协会应就法律援助工作情况开展调研，准确把握服务需求，支持律师自主选择与其专业特长、实践经验等相适应的服务内容和方式，充分调动律师参与法律援助的积极性。其次，律师协会、律师事务所应当为从事法律援助工作的律师提供创新性的职业引导，让律师及时掌握法律援助工作的新法规、新要求、新变化，让律师跟上法律援助工作发展思路和步伐。最后，律师协会、律师事务所应当为律师开展法律援助工作创造便利条件，支持律师办理法律援助案件，督促律师遵守职业道德和执业纪律，维护律师在开展法律援助中的合法权益，协助做好法律援助宣传、培训等工作，督促所属律师事务所认真落实有关规定和要求。同时，加强与公检法等相关部门的沟通协调，帮助解决法律援助过程中遇到的实际问题，为律师参与法律援助工作创造良好的外部环境。

（赵凌峰　撰写）

第八条　【群团组织、事业单位、社会组织的法律援助】国家鼓励和支持群团组织、事业单位、社会组织在司法行政部门指导下，依法提供法律援助。

【立法背景】

本条是关于国家鼓励和支持群团组织、事业单位、社会组织依法提供法律援助的规定。我国自正式确立法律援助制度以来，很长一段时间内都是以政府为主导，或是通过建立基层司法所直接提供法律援助或是委托律师提供法律援助，并没有足够的社会力量参与进来。近年来，随着经济社会发展以及人民群众法律意识的提高，法律纠纷数量逐年增多，法律援助需求也随之增多。实践中，仅凭政府力量很难满足人民群众日益增长的法律援助需求，这也造成我国法律援助工作面临供需矛盾和资源短缺问题。2002 年，司法部召开全国法律援助电视电话会议，提出要整合法律援助力量，创造“政府主导，全社会共同参与”的法律援助工作新机制，要把律师、公证、基层法律服务、群众团体、院校的法律服务力量充分调动起来，开发、利用“社会上积蓄的丰富的法律援助资源”。[①]民间法律援助组织的兴起与发展是社会发展及需求的必然反应，同时也是我国法律援助制度改革的方向。[②]《法律援助条例》第 8 条规定，国家支持和鼓励社会团体、事业单位等社会组织利用自身资源为经济困难的公民提供法律援助。本法在此基础上吸纳相关意见，予以完善。《关于〈中华人民共和国法律援助法（草案）的说明〉》将“坚持国家保障与社会参与相结合”作为起草本法的三项原则之一。在随后的审议中有意见提出，草案将提供法律援助主体限定为法律援助机构，但实践中还包括群团组织、事业单位和社会组织，应当尊重现实做法，进一步拓宽渠道，鼓励和支持更多社会力量参与法律援助。全国人大宪法和法律委员会经研究，建议删去“法律援助由法律援助机构组织法律援助人员实

---

① 林莉红：《民间组织合法性问题的法律学解析——以民间法律援助组织为视角》，载《中国法学》2006 年第 1 期。

② 唐鸣、王勤：《我国民间法律援助组织的兴起与变革》，载《社会主义研究》2008 年第 5 期。

施”的规定，[①] 明确鼓励和支持群团组织、事业单位、社会组织依法提供法律援助。

【条文解读与法律适用】

本条规定鼓励、支持符合条件的更多力量以更多渠道和形式参与法律援助，更有积极性地开展法律援助工作。除了司法行政部门设立的法律援助机构指派律师、基层法律服务工作者、法律援助志愿者，或者安排本机构具有法律执业资格的工作人员提供法律援助外，一些社会团体、事业单位以及一些其他社会组织也可依法提供法律援助。

1. 国家鼓励和支持。法律援助需求量较大，这就意味着除了司法行政部门直接组织的法律援助之外，有必要发动社会力量共同为法律援助工作出力。我国的群团组织、事业单位、社会组织比较发达，聚集着较多法律专业人才，蕴存着较大资源优势。有效调动社会团体、事业单位等社会组织的积极性，发挥他们的专长，是做好法律援助工作的重要方面。所以本法对国家鼓励和支持群团组织依法提供法律援助作出规定是非常必要的。为此，将“国家鼓励和支持”提前，强调国家倡导并允许群团组织、事业单位、社会组织依法提供法律援助，并为其创造良好便利条件和环境。

2. 群团组织、事业单位、社会组织依法提供法律援助。社会团体、群众组织设立的法律援助机构是指有关社会团体、院校或者社会组织设立的为本社团成员或一定范围内的公民提供一定形式和范围的法律援助的组织。[②] 社会团体分三种情况。其一，依照《社会团体登记管理条例》规定依法登记的社会团体，如各种行业协会等。其二，由国家机构编制管理机关核定，并经国务院批准免予登记的社会团体，如中国残联、中国文联等。其三，按照《社会团体登记管理条例》的规定，可以不进行登记的社会团体，如工会、共青团、全国妇联等组织。事业单位及相关社会组织包括高等院校、中国法律援助基金会、北京法律援助基金会等。还有一些民办非企业单位，即企业事业

---

① 参见《全国人民代表大会宪法和法律委员会关于〈中华人民共和国法律援助法（草案）〉修改情况的汇报》。

② 段启俊：《我国大学生民事权益维护中的法律援助》，载《法学杂志》2013 年第 12 期。

单位、社会团体和其他力量，以及利用非国有资产举办的、从事非营利性社会服务活动的社会组织。这类社会组织具有法人资格，以自己的名义独立于政府开展法律援助活动，具有鲜明的民间性、志愿性，如武汉大学社会弱者权利保护中心、湖南大学法律援助中心等。其他符合条件的个人也可依法提供法律援助。但这些群体提供法律援助工作，都要接受司法行政部门的指导和监督。

3. 司法行政部门做好指导工作。各级司法行政部门应当充分发挥群团组织、事业单位、社会组织依法开展法律援助活动的主动性和积极性，使其有效发挥重要合力作用。与此同时，司法行政部门也要加强指导职能，切实开展政策指导、规划引导、法律督导。具体而言，司法行政部门的指导性与监督性体现在以下几个方面：一是成立社会法律援助组织必须经过司法行政部门审核；二是社会法律援助组织相关人员提供法律援助资格应当符合有关规定并经过司法行政部门审核；三是工、青、妇、残等社会团体主要面向本社团成员开展与其工作领域和能力相关的法律援助工作，高等院校学生开展与其业务知识和工作能力相适应的法律援助工作；四是不能假借法律援助名义从事有偿服务；五是保证法律援助服务质量，不能因自愿行为或义务活动而不顾服务质量，损害当事人利益。此外，还应当加强对法律援助组织的事中事后监管，制定服务质量标准，定期进行质量考核。同时规定建立信息公开制度，定期公开资金使用、案件办理、质量考核结果等情况，主动接受社会监督。最后，还应当有计划地培训法律援助人员，提高其专业素质和服务能力，综合运用庭审旁听、案卷检查、征询司法机关意见和回访受援人等措施，督促法律援助人员提升服务质量。

（赵凌峰　撰写）

第九条 【社会力量支持】国家鼓励和支持企业事业单位、社会组织和个人等社会力量，依法通过捐赠等方式为法律援助事业提供支持；对符合条件的，给予税收优惠。

【立法背景】

本条是关于国家鼓励社会力量依法通过捐赠等方式支持法律援助的规定。法律援助工作与经济、文化发展水平密切相关。20 世纪末我国正式建立法律援助制度，受当时经济形势影响，法律援助经费相对短缺。实践中，法律援助费用仅靠国家财政拨款支撑，虽有规定以其他渠道为辅助经费来源，但实际落实仍不到位，且援助份额不稳定。法律援助经费主要靠政府拨款、行业奉献、社会捐助等法律援助资金运作。当前，除政府为法律援助提供财政支持之外，最大渠道是通过社会力量进行募捐，广泛吸收社会捐赠资金。这是因为法律援助不仅是政府的义务，也是一项社会公益事业。当前，法律援助经费少、补贴标准低、社会支持力度不足等问题，成为法律援助工作全面开展的瓶颈。给予税收优惠是体现国家鼓励和支持法律援助工作的重要具体措施。本法广泛凝聚社会力量，为提供法律援助支持的社会组织提供有力保障。本条款的完善，让符合条件的更多力量有更多渠道和形式参与法律援助，更有积极性开展法律援助工作，让更多需要法律援助的公民更便利地享受更有质量的法律援助服务。

【条文解读与法律适用】

本条适用关键在于把国家鼓励和支持社会力量参与法律援助的法律规定依法落地落实。本条在《法律援助条例》第 7 条、第 8 条基础上，进一步扩大法律援助费用来源，鼓励、支持更多社会力量提供法律援助，通过吸纳社会捐助等方式，实现资金来源多元化。此外，本条还规定，对符合条件的，给予税收优惠，落实国家鼓励和支持政策，推动企业事业单位、社会组织和个人等社会力量更加积极主动地参与到法律援助事业中。

1. 争取政府为社会捐助提供必要的政策支持。国家明确政府财政保障，如县级以上人民政府应当将法律援助工作纳入国民经济和社会发展规划，鼓励和支持企业事业单位、社会组织和个人等社会力量，依法通过捐赠等方式为法律援助事业提供支持。2003 年，国家税务总局曾就纳税人向中国法律援助基金会捐赠税前扣除问题下发通知，规定纳税人向中国法律援助基金会的捐赠，并用于法律援助事业的，可按税收法律、法规规定的比例在所得税前扣除，这一规定极大地鼓舞了社会公众和社会组织对法律援助事业的捐赠。根据本法第 9 条之规定，对符合条件的，给予税收优惠，税务部门应当及时落实，制定相应的优惠政策，保障社会捐助者及时得到回馈。这一规定与《个人所得税法》有效衔接。根据《个人所得税法》，个人将其所得对教育、扶贫、济困等公益慈善事业进行捐赠，捐赠额未超过纳税人申报的应纳税所得额百分之三十的部分，可以从其应纳税所得额中扣除；国务院规定对公益慈善事业捐赠实行全额税前扣除的，从其规定。企业事业单位、社会组织和个人通过捐赠等方式为法律援助事业提供支持，符合这些条件的，国家给予税收优惠。

2. 持续增强社会力量筹集资金能力。加强法律援助基金会建设，广泛募集资金，为各地法律援助事业服务，特别是为贫困地区的法律援助工作助力。1997 年中国法律援助基金会成立。法律援助基金会的主要职责是募集、管理和使用法律援助基金，宣传国家法律援助制度，促进社会公正。资金来源主要包括国内社团、企业及个人的捐赠和赞助，基金存入金融机构收取的利息，购买债券和企业股票等有价证券的收益等。此外，对捐助方式和捐赠途径应当及时公布，在有关媒体发布捐助流程，保证资金筹集的畅通性。

3. 鼓励开展法律援助募捐活动。2003 年，司法部曾与中央文明办、中央综治办、全国总工会、共青团、中央电视台等部门，在全国范围内联合开展“为实现公平和正义——法律援助在中国”大型公益活动，充分调动了一切社会力量支持法律援助事业。募捐活动是筹集资金的重要渠道，可以参照之前的经验和做法，联合工、青、妇、消费者协会等社会组织捐助部分资金。此外，还可以与人社部门协商，争取部分出资用于办理农民工法律援助。另外，还可以向精神文明建设部门申请部分费用用于法律援助。同时，在募捐活动中，也可以准备具有法律援助性质的纪念性商品送给捐助者。

（赵凌峰　撰写）

第十条 【法律援助宣传教育】 司法行政部门应当开展经常性的法律援助宣传教育，普及法律援助知识。

新闻媒体应当积极开展法律援助公益宣传，并加强舆论监督。

【立法背景】

本条是关于司法行政部门开展法律援助宣传普及与新闻媒体开展宣传监督职责的规定。普及法律知识、提高公民法律意识，是我国法律援助的一项重要工作。近年来，法律援助事业紧随我国经济发展，在保护困难群众合法权益、促进社会公平正义等方面发挥巨大作用，各行政部门和社会力量通过不同方式、手段，持续丰富宣传工作形式，深化宣传效果，广泛开展各类法律援助宣传教育、普及活动，让法律援助工作越来越被更多人所熟知。当前，我国法律援助宣传工作方面还存在一些不足。例如，法律援助知识普及还不到位。从法律援助制度发展历程看，对法律宣传在法律援助中的作用还存在重视不足等问题。实践中，仅仅将法律援助办案数量作为工作考量的主要标准，把法律援助宣传作为一项辅助性工作。又如，公民对法律援助知识了解还不够。人民群众权益受到损害时，因不了解法律援助方式而放弃维权的不在少数。再如，受东西部经济、社会发展差距影响，法律援助事业发展存在不均衡现象。经济发达城市各种优秀、专业律师数不胜数，而一些欠发达地区法律工作者屈指可数，人员配备不均衡、专业水平参差不齐，导致法律援助宣传还不够深入基层。此外，个别刑事案件法律工作者在法律援助过程中责任心不强、对办案补贴不满意、业务素质不高等原因也在一定程度上影响法律援助服务的办案质量和服务水平，在一定程度上也反映法律援助的监督缺位。① 为此，只有广泛、深入地开展法律援助宣传普及工作，让更多困难群众了解并实际运用法律援助维护自身合法权益，法律援助制度才能得到更好发挥，才能推动法律援助工作进入良性循环发展轨道。

---

① 黄冬冬：《法律援助案件质量：问题、制约及其应对——以C市的调研为基础》，载《法商研究》2015年第4期。

【条文解读与法律适用】

本条明确了司法行政部门和新闻媒体在法律援助工作中的职责。司法行政部门承担经常性宣传、教育、普及法律援助知识职责。新闻媒体在公益宣传之外增加舆论监督的职责，旨在保障法律援助工作公平公正。

1. 进一步丰富宣传形式，深化人民群众对法律援助工作认识。各级司法行政部门应当联合新闻媒体，采取线上、线下等宣传方式，持续开展法律援助工作宣传。线上可通过电视、广播、网络等途径宣传，线下可组织开展法律援助知识讲座，通过发放宣传册、面对面交谈等方式，让更多公众了解法律援助制度。同时，宣传和普及要通俗易懂、简单实用。此外，要进一步充实宣传内容，不仅宣传法律援助制度，更要讲清楚法律援助制度的概念、形式，以及法律援助申请的一般条件、法律援助的范围、申请法律援助的程序等事项，让法律援助制度真正深入人民群众心中，在经济困难或特殊群体权益受到侵害时能够主动想到和使用法律援助。

2. 加强舆论监督，促进法律援助工作规范有序。本条在规定新闻媒体有积极开展法律援助公益宣传义务的同时，又赋予了新闻媒体舆论监督的权利。报刊、广播、电视、网络等新闻媒体应当利用各自优势，加强对法律援助机构、法律援助人员等执行具体法律法规和政策的舆论监督。实践中，一些侵权事件发生后，由于新闻媒体介入、关注，有关方面很快做出积极反应。除此之外，舆论引导功能也应该发挥得更加突出，媒体肩负着呼吁、传播和维护公平正义理念的重大责任，需要进一步建立和完善一套有针对性的运行机制，通过舆论监督引导，真正推动我国法律援助制度更加完善。

3. 强化以案释法，增强法律援助工作实效性。将开展法律援助工作与法治宣传工作深度融合，把人民群众需求强烈的法律援助制度纳入宣传工作重要内容。实践中，一个成功的法律援助案例，不仅反映了法律援助在维护人权和保障民生方面所起的重要作用，而且体现了法律援助机构工作人员和法律服务工作者秉持法治精神、扶弱济困、爱岗敬业、无私奉献的精神风貌和道德风尚。更为重要的是，法律援助典型案例具备较高专业性和技术性，对办理同类案件具有较强指导和借鉴意义。为此，实践中，应当认真办好“以本法为重点的以案释法系列宣传”等法治惠民实事，切实增强法律援助工作实效性。

（赵凌峰　撰写）

第十一条　【突出贡献的表彰奖励】国家对在法律援助工作中做出突出贡献的组织和个人，按照有关规定给予表彰、奖励。

【立法背景】

本条是关于对在法律援助工作中作出突出贡献的组织和个人进行表彰和奖励的规定。《法律援助条例》第9条规定，对在法律援助工作中作出突出贡献的组织和个人，有关的人民政府、司法行政部门应当给予表彰、奖励。本条在《法律援助条例》基础上进行调整，将此项表彰上升为国家荣誉。通过表彰、奖励，鼓励、引导更多组织和个人积极投身法律援助事业，切实发挥本法在保障经济困难公民合法权益、维护社会公平正义等方面的引领作用。

【条文解读与法律适用】

法律援助类行政奖励既是法律明确规定的，也是政府公开承诺的，在整个评选过程中，应符合程序正当原则，遵循诚信原则，评选流程公开透明，依法表彰奖励实事求是，表彰奖励与受奖行为相当，精神奖励与物质奖励相结合，切实增强法律援助的规范性和社会效益。

1. 表彰、奖励的主体。根据本法规定，国务院司法行政部门指导、监督全国法律援助工作。县级以上地方人民政府司法行政部门指导、监督本行政区域法律援助工作。因此，实施表彰、奖励的主体主要是负责指导、监督法律援助工作的司法行政部门。

2. 表彰、奖励的对象。本条所称在法律援助工作中作出突出贡献的组织和个人，既包括在法律援助的组织工作中作出突出贡献的司法行政部门及其工作人员，也包括向受援人提供法律援助作出突出贡献的组织和个人，还包括为法律援助活动提供捐助作出突出贡献的社会组织和个人。向受援人提供法律援助的组织和个人包括政府设立的法律援助机构及其工作人员、律师事务所及其律师以及其他社会组织参与法律援助的人员。其他社会组织包括社会团体、事业单位等社会组织。

3. 表彰、奖励的内容。首先，司法行政工作人员是国家公务员，其表彰和奖励应当按照国家公务员有关规定进行。在法律援助工作方面，主要表现为：忠于职守、积极工作，成绩显著；遵守纪律，廉洁奉公，作风正派，办事公道，起模范作用；在组建和规范本行政区域法律援助机构方面作出突出贡献；在争取财政拨款和筹集法律援助经费、监督管理法律援助经费、节约国家资财方面有突出成绩；在监督法律援助工作中起模范带头作用，提出合理化建议，明显提高法律援助工作社会效益；在组织处理重大疑难法律援助案件中成绩显著；有其他功绩。其次，在法律援助工作中作出突出贡献的法律援助机构及其工作人员、律师事务所及其律师以及其他社会组织参与法律援助的人员，国家应当给予表彰和奖励。主要表现为：严格执行法律援助法律、法规和政策规定，有完备的内部工作规章制度，确保法律援助案件质量；全面组织开展各项法律援助业务，组织、承办本地区乃至全省、全国有重大影响的重大法律援助案件，取得显著社会效益。应当给予表彰和奖励的律师事务所应当具备的条件包括：积极接受法律援助机构的指派安排本所律师承担法律援助义务；严格按照司法行政机关和法律援助机构要求办理法律援助案件；注重办案质量，在维护国家和受援人权益方面作出重大贡献。最后，应当给予表彰和奖励的法律援助人员（包括法律援助机构中从事法律援助工作的人员、承办法律援助案件的律师等）应当具备的条件包括：积极遵守法律援助法，为当地法律援助工作的顺利开展作出重大贡献；组织或者亲自成功办理了在全国或本地区有重大影响的法律援助案件，并产生较大社会效益；积极接受当地法律援助机构指派或安排，保质保量完成法律援助任务；在办案过程中，严格遵守国家法律、工作纪律和职业纪律，有良好职业道德；为受援人提供优质高效法律援助服务，得到受援人和有关方面一致好评。

（潘慧宇　撰写）

第二章　机构和人员

本章概述

本章是关于承担法律援助工作的机构与人员的法律规定，共计10个条文。具体而言，本章对法律援助工作作出以下有针对性的规定：一是相较于《法律援助条例》，本法将机构和人员单独设立一章而不是统一规定于总则部分，立法体系更为科学；二是完善了法律援助管理体制机制，第12条至第14条主要是关于法律援助机构的设立和职能的规定，同时明确了法律援助机构可以在人民法院、人民检察院和看守所等场所派驻值班律师；三是依法规范法律援助人员履行职责，第16条、第17条及第19条、第20条详细规定了法律援助的主体、法定职责及执业要求等；四是依法保障法律援助服务质量，第15条规定了司法行政部门可以通过政府采购等方式选择法律援助服务，更加有利于充分利用市场化资源向人民群众提供更加优质的法律援助服务；五是优化服务资源配置，第18条增加了鼓励法律服务资源依法跨区域流动的规定，在于协同营造良好的法治环境，体现了立法实践性与前瞻性的结合；六是增加了保密条款，法律援助人员除应当遵纪守德外，根据第21条的规定，还应当保守知悉的国家秘密、商业秘密和个人隐私。

第十二条　【法律援助机构职责】 县级以上人民政府司法行政部门应当设立法律援助机构。法律援助机构负责组织实施法律援助工作，受理、审查法律援助申请，指派律师、基层法律服务工作者、法律援助志愿者等法律援助人员提供法律援助，支付法律援助补贴。

【立法背景】

《法律援助条例》第5条第1款规定："直辖市、设区的市或者县级人民政府司法行政部门根据需要确定本行政区域的法律援助机构。"而且，各地已经制定的关于法律援助的地方性法规、规章中，大部分规定的也都是由县级以上人民政府司法行政部门负责设立或者确立本行政区域法律援助机构，如安徽、江西、海南等省。实践中，承担法律援助服务的人员以律师为主，尤其是刑事案件法律援助，而司法行政部门又是律师行业的行政主管机关，由司法行政部门设立法律援助机构更有利于发挥律师参与法律援助工作的积极性。"法律援助工作是一个专业性很强的工作，法律援助机构的主体应是法律援助律师，应加强专业化、正规化建设。"① 因此，本条最终确立了由县级以上人民政府司法行政部门负责设立法律援助机构，这既有利于法律规范之间的衔接，也符合实践运行情况。

【条文解读与法律适用】

本条主要是明确法律援助机构的设立主体、法定职责。具体又包括两个方面：一是法律援助机构的设立主体；二是法律援助机构的法定职责。

一、法律援助机构的设立主体

法律援助机构的设立主体是县级以上人民政府司法行政部门，即司法部和县级以上地方人民政府的司法厅（局）。本条规定的是"应当"设立，即县级以上人民政府司法行政部门必须通过设立法律援助机构来履行国家应当

---

① 向新林、廖红军：《对法律援助立法若干问题的思考——基于对〈法律援助条例〉的分析》，载《中国司法》2017年第4期。

承担的法律援助责任。

本条规定了法律援助机构的设立主体。实践中，法律援助机构的性质主要有三类：行政机构、参照公务员管理的全额拨款事业单位、非参照公务员管理的全额拨款事业单位，此外还有个别机构仍处于非编制。[①]当前，在中央层面，司法部内设的公共法律服务管理局负责指导、监督法律援助工作，具体承担法律援助服务职能的是作为直属事业单位的司法部法律援助中心。在地方层面，机构设置模式也不完全相同：如江苏省司法厅设置模式与司法部保持一致；浙江省司法厅实行在内设机构“法律援助处”加挂“法律援助中心”的合署办公模式；广东省深圳市司法局则由直属机构“法律援助处”统一负责辖区法律援助工作的行政监管和服务保障。

从本法第 56 条、第 57 条、第 61 条等相关法律条文的规定来看，立法机关对行政监管职责与服务保障职责作出了一定区分，并将行政监管职责赋予同级司法行政机关；同时规定，法律援助机构存在违法行为的，应当由设立该法律援助机构的司法行政部门责令限期改正。

二、法律援助机构的法定职责

根据本条规定，法律援助机构的主要职责包括三项：受理、审查申请；指派法律援助人员；支付法律援助补贴。

1. 受理、审查申请。受理、审查法律援助申请是法律援助机构中最主要的职能之一。严格来说这属于司法行政职能的组成部分，属于广义上的行政给付行为。法律援助属于依申请事项，需要符合条件的申请人依照本法第 38 条等规定依法提出申请。法律援助机构对法律援助申请进行的审查属于行政行为的范畴，审查后无论是否同意法律援助申请，根据本法第 43 条第 1 款规定，都应当作出书面决定。法律援助机构不同意法律援助申请的决定，与申请人具有直接的利害关系，本法第 49 条据此赋予申请人相应的异议提出权以及对司法行政机关作出维持决定的申请行政复议、提起行政诉讼的权利。

2. 指派法律援助人员。法律援助机构经审查认为申请人的申请符合法定情形的，应当及时指派法律援助人员提供法律援助服务。法律援助机构指派人员提供法律援助服务的行为属于行政命令，具有强制性，受指派人员无正

---

① 吴宏耀、赵常成：《法律援助的管理体制》，载《国家检察官学院学报》2018 年第 4 期。

当理由不接受指派应当承担相应的法律责任。[①] 本法第 46 条第 1 款规定："法律援助人员接受指派后，无正当理由不得拒绝、拖延或者终止提供法律援助服务。"律师事务所、基层法律服务所及其所属的律师、基层法律服务工作者无正当理由拒绝指派的，依法要承担法律责任。

3. 支付法律援助补贴。法律援助机构、法律援助人员虽然不向受援助对象收取任何费用，但承担法律援助工作的人员需要付出一定的成本和支出，这部分费用应当由政府来承担，即办案补贴。自《法律援助条例》实施以来，县级以上地方人民政府司法行政部门基本都会同同级财政部门制定了本行政区域法律援助的相关补贴标准。例如，广州市司法局 、广州市财政局 2018 年 11 月 8 日联合制定的《广州市法律援助案件办案补贴标准》，不仅区分了刑事、民事、行政、非诉讼、咨询等不同援助案件类型，还充分考虑了中心城区、非中心城区、跨地区等地域因素，制定了不同的法律援助补贴标准。本法第 52 条第 1 款也明确规定："法律援助机构应当依照有关规定及时向法律援助人员支付法律援助补贴。"

（吕长城 撰写）

① 吴宏耀、赵常成：《法律援助的管理体制》，载《国家检察官学院学报》2018 年第 4 期。

第十三条 【法律援助人员】法律援助机构根据工作需要，可以安排本机构具有律师资格或者法律职业资格的工作人员提供法律援助；可以设置法律援助工作站或者联络点，就近受理法律援助申请。

【立法背景】

《法律援助条例》第21条规定："法律援助机构可以指派律师事务所安排律师或者安排本机构的工作人员办理法律援助案件；也可以根据其他社会组织的要求，安排其所属人员办理法律援助案件……"法律援助虽然是国家对于特定群体的特殊照顾，但国家并非对法律援助人员的素质不作任何要求。2015年《法律援助制度意见》规定，改进案件指派工作制度，综合案件类型、法律援助人员专业特长、受援人意愿等因素，合理指派承办机构和人员。本条在吸收《法律援助条例》第21条规定的基础上，对法律援助机构工作人员的专业素质作出了明确要求，即"具有律师资格或者法律职业资格"。本法第54条规定，县级以上人民政府司法行政部门应当有计划地对法律援助人员进行培训，提高法律援助人员的专业素质和服务能力。第57条同时规定，司法行政部门应当加强对法律援助服务的监督，制定法律援助服务质量标准，通过第三方评估等方式定期进行质量考核。上述条文规定均是为了提升法律援助的实效，切实维护人民群众的合法权益。

为了更加方便、及时为符合条件的特定群体提供法律援助，《法律援助制度意见》规定，发挥法律援助工作站、联络点贴近基层的优势，方便困难群众及时就近提出申请，在偏远地区和困难群众集中的地区设立流动工作站巡回受案。本条规定对此也予以吸收。

【条文解读与法律适用】

本条规定主要解决两个方面问题：一是法律援助机构的工作人员能否提供法律援助服务；二是如何更加便利申请人申请法律援助。

1. 法律援助机构的工作人员可以提供法律援助服务。法律援助机构的工作人员作为法律援助人员提供援助服务时，应当同时符合两个条件：一是根据工作需要。这里的“工作需要”应当是法律援助机构所在辖区法律援助人员较少，不能满足人民群众法律援助的正当需求。如果法律援助机构所在辖区执业律师、基层法律工作者、法律援助志愿者等符合条件的法律援助人员数量较多，能够满足或者基本满足当地正常的法律援助申请，则法律援助机构就应当优先考虑本机构以外其他符合条件的法律援助人员，尽量避免既当“裁判员”，又当“运动员”。二是具有律师资格或者法律职业资格。这是对法律援助机构工作人员的资质限定，并不是所有法律援助机构工作人员都能作为法律援助人员。“具有律师资格”是指符合《律师法》第5条规定条件并根据该法第6条规定依法提出申请，获省、自治区、直辖市人民政府司法行政部门颁发律师执业证书的人员。根据《律师法》第6条第2款的规定，法律援助机构工作人员符合法定条件并经所在机构同意的，可以兼职从事律师职业。“具有法律职业资格”，根据司法部规章《法律职业资格管理办法》第11条第1款第1项规定，是指符合《国家统一法律职业资格考试实施办法》第18条规定的法律职业资格授予条件的，由司法部审核认定后作出授予法律职业资格的决定，颁发法律职业资格证书。

2. 便利申请人申请法律援助。为提高人民群众申请法律援助的便利性，本条规定法律援助机构可以设置法律援助工作站或者联络点，就近受理法律援助申请。设立法律援助工作站和联络点，有助于强化公共法律服务供给，健全法律援助工作网络和扩大法律援助机构覆盖面，切实为人民群众提供更加优质、便捷、高效的法律援助服务。法律援助工作站或联络点，可以在司法机关、基层司法所设立，也可以在高等院校、企事业单位、群众团体等单位设立，还可以设立在律师事务所、法律服务所、村庄社区等。例如，四川省人力资源和社会保障厅、四川省司法厅、四川省总工会2016年5月11日联合发文，向全省各级劳动人事争议仲裁院派驻法律援助工作站。江苏省高级人民法院、江苏省司法厅、江苏省民政厅2021年4月7日联合发布《关于加强社会救助对象法律援助工作的通知》，规定“司法行政机关可以根据需要在民政部门设立法律援助联络点”，为社会救助对象就近申请法律援助提供服务。

（吕长城　撰写）

第十四条　【派驻值班律师】法律援助机构可以在人民法院、人民检察院和看守所等场所派驻值班律师，依法为没有辩护人的犯罪嫌疑人、被告人提供法律援助。

【立法背景】

《刑事诉讼法》规定了刑事诉讼值班律师制度。该法第 36 条第 1 款规定："法律援助机构可以在人民法院、看守所等场所派驻值班律师。犯罪嫌疑人、被告人没有委托辩护人，法律援助机构没有指派律师为其提供辩护的，由值班律师为犯罪嫌疑人、被告人提供法律咨询、程序选择建议、申请变更强制措施、对案件处理提出意见等法律帮助。"为正确实施《刑事诉讼法》关于值班律师的相关规定，完善值班律师工作机制，依法为没有辩护人的犯罪嫌疑人、被告人提供有效的法律帮助，促进公正司法和人权保障，2020 年 8 月 20 日，最高人民法院、最高人民检察院、公安部、国家安全部、司法部联合印发《法律援助值班律师工作办法》，进一步明确值班律师的身份定位、工作职责、工作程序、工作保障等内容。

根据司法部统计数据，2020 年，全国范围内值班律师提供法律咨询近 57 万人次，办理法律援助案件达 74 万余件，参与办理认罪认罚从宽案件 68 万余件。[①] 本条及本法其他有关值班律师的规定，既是对《刑事诉讼法》相关规定的体现，也是对《法律援助值班律师工作办法》内容的立法吸收。

【条文解读与法律适用】

值班律师，是指法律援助机构在看守所、人民检察院、人民法院等场所设立法律援助工作站，通过派驻或安排的方式，为没有辩护人的犯罪嫌疑人、被告人提供法律帮助的律师。本条主要规定三个方面内容：一是值班律师派

---

① 《2020 年全国法援机构办结法律援助案件近 140 万件》，载司法部官网，https：//www.moj.gov.cn/pub/sfbgw/fzgz/fzgzggflfwx/fzgzggflfw/202103/t20210301_ 349965.html，最后访问时间：2022 年 1 月 5 日。

驻机关；二是值班律师派驻场所；三是值班律师援助对象。

1. 值班律师派驻机关。本条明确规定，值班律师是以法律援助名义派驻，这与《刑事诉讼法》《法律援助值班律师工作办法》等法律规范保持一致。无论是法律援助机构中具有律师执业资格的工作人员，还是律师事务所的执业律师，都应当由法律援助机构统一派驻。

2. 值班律师派驻场所。《刑事诉讼法》第 36 条第 1 款规定值班律师可以在人民法院、看守所等场所派驻；《法律援助值班律师工作办法》第 2 条进一步明确在人民检察院也可以派驻值班律师；本条规定是对《法律援助值班律师工作办法》第 2 条规定的立法吸收，从而实现刑事案件从侦查、审查起诉、审判等不同刑事诉讼阶段的法律援助全流程覆盖。本条规定中"等场所"的"等"是等外等，按照《法律援助值班律师工作办法》第 35 条规定，国家安全机关、中国海警局、监狱履行刑事诉讼法规定职责，涉及值班律师工作的，适用该办法有关公安机关的规定。因此，法律援助机构也可以在国家安全机关、中国海警局、监狱等场所派驻值班律师。

3. 值班律师援助对象。根据本条规定，值班律师是向"没有辩护人的犯罪嫌疑人、被告人"这一特定对象提供刑事法律援助。《刑事诉讼法》第 14 条第 1 款规定："人民法院、人民检察院和公安机关应当保障犯罪嫌疑人、被告人和其他诉讼参与人依法享有的辩护权和其他诉讼权利。"辩护权是犯罪嫌疑人、被告人依法享有的基本权利之一；同时该法第 33 条、第 34 条规定，犯罪嫌疑人、被告人及其监护人、近亲属可以委托辩护人。因此，对于犯罪嫌疑人、被告人已经委托辩护人的，就不属于值班律师提供法律援助的对象。

（吕长城　撰写）

第十五条　【政府采购】 司法行政部门可以通过政府采购等方式，择优选择律师事务所等法律服务机构为受援人提供法律援助。

【立法背景】

根据《政府采购法》第 2 条第 2 款的规定，政府采购是指各级国家机关、事业单位和团体组织，使用财政性资金采购依法制定的集中采购目录以内的或者采购限额标准以上的货物、工程和服务的行为。2014 年，《政府购买服务管理办法》（已失效）第 14 条将法律援助纳入政府购买服务指导性目录。其后，各地也陆续将法律援助纳入政府购买服务目录中。《刑事案件律师辩护全覆盖试点工作办法》第 8 条第 3 款规定“有条件的地方可以开展政府购买法律援助服务”。《公共法律服务体系建设意见》提出“将其中属于政府职责范围且适宜通过市场化方式提供的服务事项纳入政府购买服务范围，引导社会力量参与提供”。本条规定对上述规范内容予以立法吸收，有利于更加充分利用市场化资源提供更加优质的法律援助服务。“长远来看，充分发挥竞争性法律服务市场的重要作用，通过国家采购方式以最合理的价格使无法负担司法服务的人能够公平获得公正司法的优质法律服务是中国法律援助制度健康发展的重要路径。”① 但需要说明的是，政府采购只是国家履行法律援助职责的一种方式，并不代表法律援助这一国家责任的转移。“政府与辩护服务提供方签订辩护合同只是创新了刑事法律援助的履行方式，而并未转移承担刑事法律援助的义务。”②

【条文解读与法律适用】

本条规定主要包括两个方面内容：一是法律援助服务的采购人；二是法律援助服务的供应商。

---

① 樊崇义：《中国法律援助制度的建构与展望》，载《中国法律评论》2017 年第 6 期。

② 吴羽：《合同关系视域下政府购买律师法律服务研究——以政府合同外包刑事法律援助案件为中心》，载《社会科学研究》2017 年第 1 期。

1. 法律援助服务的采购人。《政府采购法》第 15 条规定："采购人是指依法进行政府采购的国家机关、事业单位、团体组织。"根据上述规定，政府采购的采购人既可以是国家机关，也可以是事业单位和团体组织。而根据本条规定，政府采购法律援助服务项目的采购人只能是司法行政部门，法律援助机构不能作为政府采购的采购人。

2. 法律援助服务的供应商。《政府采购法》第 21 条规定："供应商是指向采购人提供货物、工程或者服务的法人、其他组织或者自然人。"根据本条规定，法律援助服务的供应商只能是法律服务机构，这是因为法律援助服务属于特殊的政府采购项目。律师事务所、基层法律服务所是两种最为常见的法律服务机构；除此之外，其他依法设立并能够提供法律援助服务的组织也属于法律服务机构，可以成为法律援助服务的供应商。法律援助服务的供应商不仅要符合《政府采购法》有关供应商的一般性条件，还要符合相关行政机关就法律援助服务的政府采购依法制定的特定条件。

3. 购买活动实施要求。《政府采购法》第 22 条第 1 款规定，供应商参加政府采购活动应当具备下列条件：（1）具有独立承担民事责任的能力；（2）具有良好的商业信誉和健全的财务会计制度；（3）具有履行合同所必需的设备和专业技术能力；（4）有依法缴纳税收和社会保障资金的良好记录；（5）参加政府采购活动前三年内，在经营活动中没有重大违法记录；（6）法律、行政法规规定的其他条件。

（吕长城 撰写）

第十六条 【法律援助主体及保障】律师事务所、基层法律服务所、律师、基层法律服务工作者负有依法提供法律援助的义务。

律师事务所、基层法律服务所应当支持和保障本所律师、基层法律服务工作者履行法律援助义务。

【立法背景】

本条主要规定了提供法律援助的社会主体以及律师事务所、基层法律服务所的保障义务，以法律的形式规定了社会力量应当参与法律援助工作。此前，关于法律援助的主体规定散见于其他法律、法规当中，没有形成体系化、规范化。例如《律师法》第42条规定，律师、律师事务所应当按照国家规定履行法律援助义务，为受援人提供符合标准的法律服务，维护受援人的合法权益。《基层法律服务工作者管理办法》第34条规定，基层法律服务工作者应当按照有关规定履行法律援助义务。法律援助是政府的义务，是以法律形式规定的政府对弱势人群的保护义务。当前，虽然政府设立的法律援助机构层级丰富、数量剧增，但仍然不能满足广大人民群众对法律援助的合理需求。本条进一步统一和明确法律援助的社会主体及保障，为社会力量参与法律援助奠定了坚实的法治基础。具备法律专业知识的律师和基层法律服务工作者参与个案之中，能有效调节各方关系，保障社会弱势群体通过法律援助制度获得平等的法律服务，让社会纠纷得到专业文明的调节，避免群体恶性事件发生，维护社会秩序和稳定。律师事务所和基层法律服务所也应当为律师和基层法律服务工作者提供相应的支持和保障，为他们提供相应的物质和人员条件。

【条文解读与法律适用】

1. 本条属于律师事务所、基层法律服务所、律师、基层法律服务工作者的强制性法律义务。律师事务所、基层法律服务所应当在日常工作中安排负责法律援助的律师和基层法律服务工作者具体负责法律援助事务，为他们提供开展相应工作必不可少的条件，例如办公条件、经费条件等。律师和基层法律服务工作者应当为受援人提供与付费法律服务相当的法律援助服务标准。同时，律师事务所、基层法律服务所应当强化法律援助案件管理责任。要严格接受指派、内部审批、办理案件、案卷归档、投诉处理等各环节流程。建立重大、疑难案件集体讨论制度。根据法律援助常涉纠纷案件类别和办案专长，培养擅长办理法律援助案件的团队。教育引导法律援助人员严格遵守法定程序和执业规范，确保提供符合标准的法律援助服务。改进案件指派工作，综合案件性质和办案人员专业特长等因素指派合适承办人，严格办理死刑、未成年人等案件法律援助人员的资质条件，提高案件办理专业化水平。推进信息化在法律援助流程管理、质量评估、业绩考核等方面的应用，促进提高办案质量。完善服务质量监管机制，综合运用案件质量评估、案卷检查、当事人回访等措施强化案件质量管理，努力为受援人提供优质高效的法律援助。

2. 法律援助人员应当具备相应资质。根据《律师法》第 2 条和《基层法律服务工作者管理办法》第 2 条、第 6 条、第 7 条等规定，提供法律援助服务的人员应当具备以下资质条件：（1）律师应当取得律师执业资格证，基层法律服务工作者应当取得基层法律服务工作者执业证；（2）具备相应的法律专业知识；（3）品行良好。律师事务所和基层法律服务所不得指派不符合上述规定条件的人员办理法律援助事务。受援人认为法律援助人员未依法履行职责的，可以依据本法第 55 条，向司法行政部门投诉，并可以请求法律援助机构更换法律援助人员；具体的投诉处理流程应当按照《法律援助投诉处理办法》的规定处理。

3. 律师履行法律援助义务，主要体现在律师利用法律专业知识和技术能力为受援人提供无偿法律服务。实践中，过分强调提供无偿法律服务，造成律师及律师管理机构认为这种做法不利于调动律师的积极性。立法过程中有关部门认为这个意见很有道理。经了解，一些地方实行给律师一定的法律援助办案补贴，比较好地体现了政府责任与律师义务的关系，也在一定程度上解决了这一问题。此外，在承办法律援助案件过程中，律师应当为受援人提供符合法定程序和法定要求的法律服务，依法维护受援人合法权益，严格自律，不得敷衍了事，还应自觉接受律师协会和司法行政部门的监督。

（李卫华 撰写）

第十七条 【法律援助志愿服务】国家鼓励和规范法律援助志愿服务；支持符合条件的个人作为法律援助志愿者，依法提供法律援助。

高等院校、科研机构可以组织从事法学教育、研究工作的人员和法学专业学生作为法律援助志愿者，在司法行政部门指导下，为当事人提供法律咨询、代拟法律文书等法律援助。

法律援助志愿者具体管理办法由国务院有关部门规定。

【立法背景】

本条主要规定了高等院校、科研机构提供法律援助志愿服务的内容。第1款规定的是法律援助志愿服务的国家责任。第2款规定的是法律援助志愿者，即高等院校、科研机构的工作人员和法学专业学生可以在司法行政部门指导下进行法律援助。第3款规定的是法律援助志愿者具体管理办法由国务院有关部门规定。本条通过立法形式对法律援助的社会责任予以明确，基本形成了法律援助服务的“国家+社会”格局。在立法过程中，有专家指出应当鼓励法律援助志愿服务，完善志愿服务范围和管理规范。建议明确高等院校、科研机构可以组织法律援助志愿者，提供“法律咨询、代拟法律文书等法律援助”，并增加规定法律援助志愿服务的国家责任条款。上述建议被本次立法所吸收。同时，本法草案稿曾规定提供法律援助志愿服务应当接受法律援助机构指导。对此，立法过程中存在争议：有专家指出公民申请法律援助需要向法律援助机构申请，法律援助志愿者本身即在法律援助机构组织下为公民提供服务，应当保留接受指导的规定，同时，对于提供法律援助志愿服务的组织和个人应当在法律援助机构备案；也有专家认为国家应当鼓励组织、个人特别是高等院校提供法律援助服务，建议删除接受指导的规定，提升法律援助积极性；另外，还有专家认为“为当事人提供法律咨询、代拟法律文书等法律援助”，应当予以扩展，即增加视需要、以无障碍的方式提供，为特定群体提供合理便利的法律援助服务。

【条文解读与法律适用】

1. 法律援助服务的国家责任。在我国法律援助制度与立法中确立国家责任理念，有着更特殊的意义和价值，是社会主义制度的基本要求与新时代的任务。[①] 由于《法律援助条例》是国务院颁布的行政法规，因此法律援助中政府的责任就理所当然地被理解为行政机关尤其是司法行政机关的责任。政府主导的法律援助在现行法律规定中体现为“政府责任、律师义务、社会参与”的具体运行模式。[②] 但本法施行后，法律援助服务正式从政府责任转变为国家责任。本法第 2 条明确指出法律援助是国家建立的为经济困难公民和符合法定条件的其他当事人无偿提供法律咨询、代理、刑事辩护等法律服务的制度，是公共法律服务体系的组成部分。一方面，国家要鼓励法律援助志愿服务。体现在财政支持、机构设置、监督管理等方面，要提供便利条件，给予充分保障。另一方面，国家要规范法律援助志愿服务。在国家治理能力现代化建设的背景下，将法律援助定位为国家责任，有助于厘清法律援助的内部关系。法律援助是国家治理体系的重要组成部分，应当由国家统一立法，政府作为法律的执行者具体负责法律援助的组织管理工作。同时，在法律援助制度的发展过程中，应当遵循国家治理能力现代化建设的路径，通过政府、市场、社会三大力量共同协作，提升治理能力。

2. “符合条件的个人”的理解。本条“符合条件的个人”应当做广义的理解，即所有具备提供法律援助能力的个人。结合本法及其他法律、法规的规定，主要包括以下几类人员：一是本法第 16 条规定的律师、基层法律服务工作者。除了接受法律援助机构的指派之外，其他律师、基层法律服务工作者也可以志愿加入到法律援助服务当中。二是本条第 2 款规定的高等学校、科研机构中从事法学教育、研究工作的人员和法学专业学生。三是其他符合条件的个人。实践中，相关管理部门和法律援助机构可以探索离退休司法工作人员志愿加入法律援助服务工作机制，充分发挥此类人员的专业能力，为

---

① 樊崇义：《我国法律援助立法与实践的哲理思维》，载《江西社会科学》2021 年第 6 期。

② 胡铭、王廷婷：《法律援助的中国模式及其改革》，载《浙江大学学报（人文社会科学版）》2017 年第 2 期。

实质性化解矛盾纠纷贡献新的力量。

3. 法律援助服务的社会化补充。法律援助服务不仅要依靠国家和政府的力量，还应当顺应时代潮流，培育社会法律援助服务力量，弥补“政府失灵”的问题。本条第 2 款首次明确了法律援助服务的社会主体，以及相关工作要求。分为三个层次理解：（1）主体。即高等院校、科研机构可以组织从事法学教育、研究工作的人员和法学专业学生作为法律援助志愿者。也就是说，高等院校法学院的老师、科研机构的法律研究员以及法学专业学生均可以作为法律援助服务志愿者。法学专业学生应当在高等院校老师的指导下开展法律援助服务，以确保法律援助服务的质量。（2）要求。即法律援助志愿者需要在司法行政部门的指导下开展法律援助。这种“指导”不能简单理解为受司法行政部门的“领导”，更倾向于法律援助服务方面的业务指导，以保障法律援助工作依法进行。（3）业务。法律援助志愿者可为当事人提供法律咨询、代拟法律文书等法律援助。

4. 法律援助志愿者的管理。针对法律援助志愿者也应予以规范化、制度化的管理，本条第 3 款规定法律援助志愿者的具体管理办法由国务院有关部门规定。目前，国务院颁布的《志愿服务条例》是规范志愿者服务的行政法规；在没有其他具体的法律援助志愿者管理规定出台前，行政机关应当依据《志愿服务条例》的相关规定履行管理职责。

（李卫华　撰写）

第十八条 【跨区域法律援助】 国家建立健全法律服务资源依法跨区域流动机制，鼓励和支持律师事务所、律师、法律援助志愿者等在法律服务资源相对短缺地区提供法律援助。

【立法背景】

本条是关于法律援助服务资源配置的规定。习近平总书记多次对法律援助工作作出重要指示，指出要加大对困难群众维护合法权益的法律援助，在不断扩大法律援助范围的基础上，紧紧围绕经济社会发展的实际需要，注重提高法律援助的质量。目前，我国法律服务资源在东中西部地区的分布是不平衡的，法律援助服务更是呈现两极化的现象。在立法过程中，有专家建议应当合理调配法律服务资源，为偏远地区开展法律援助工作提供更多支持。全国人大宪法和法律委员会经研究，建议落实有关中央文件精神，增加本条规定。

【条文解读与法律适用】

本条属于法律服务资源优化配置的国家责任条款。《公共法律服务体系建设意见》要求，不断拓展服务领域，创新服务方式，丰富服务内容，提高服务效果，满足人民群众日益增长的美好生活需要。根据中央文件精神，国家要做好法律援助资源配置工作，通过选派优秀律师和大学生到中西部地区开展法律援助志愿服务，推进法律人才由东部发达地区向中西部欠发达地区流动，有效推进法律服务资源优化配置，为中西部地区提供普惠性、公益性、便利性的法律服务。

1. 强化财政支持力度。国家应当加强对经济欠发达地区和律师资源短缺地区的法律援助工作扶持。加大中央补助地方法律援助办案专款、中央专项彩票公益金法律援助项目资金对连片特困地区和革命老区、民族地区、边疆地区倾斜力度；推动省级财政全部建立法律援助专项资金，加大司法行政机关政法转移支付资金对本行政区域经费保障能力较低地区的支持力度，促进提高贫困地区法律援助经费保障水平。

2. 强化法律援助人员力量。多渠道解决律师资源短缺和无律师地区法律援助工作力量不足问题，充实县（区）法律援助机构专职办案人员，在农村乡镇注重发挥基层法律服务工作者的作用，合理调配本行政区域内律师资源丰富地区律师支持律师资源短缺地区法律援助工作，深入开展“1+1”法律援助志愿者行动，选派优秀律师、大学生志愿者到无律师和律师资源短缺地区服务，满足当地群众的法律援助需求。加强对经济欠发达地区和律师资源短缺地区法律援助人员培训工作的支持，在课程设置、人员名额等方面充分考虑这些地区实际需求，提高法律援助服务水平。

3. 加大政府购买法律援助服务力度。政府可以通过购买法律援助服务的方式，增强法律援助服务资源短缺地区的法律服务能力。世界上多数国家在提供法律援助上都采用政府购买法律服务的方式，我国法律援助在借鉴他国经验基础上，改变成本补贴模式，探索建立法律援助政府购买服务机制，采用市场化的方式确定合理报酬，缩小与法律服务市场价格之间的差距。[①]《法律援助值班律师工作办法》第32条也明确“司法行政机关和法律援助机构应当加强本行政区域值班律师工作的监督和指导。对律师资源短缺的地区，可采取在省、市范围内统筹调配律师资源，建立政府购买值班律师服务机制等方式，保障值班律师工作有序开展”。

（李卫华　撰写）

① 王正航、沈燕萍、俞钦、唐晔旎：《法律援助政府购买服务机制研究》，载《中国司法》2016年第5期。

第十九条 【依法履行职责】法律援助人员应当依法履行职责，及时为受援人提供符合标准的法律援助服务，维护受援人的合法权益。

【立法背景】

本条是关于法律援助人员依法及时为受援人提供法律援助服务的规定。为了有效维护受援人的合法权益，保障受援人获得实质援助，法律援助人员应当关注法律援助质量的提升，严格遵守法定程序和执业规范，及时提供符合标准的法律援助服务。

【条文解读与法律适用】

1. 关于“依法”的理解。法律援助应当坚持法治原则，法律援助的运作过程就是法治的运作过程。[①] 根据本法，法律援助人员既包括法律援助律师，也包括参与法律援助工作的法律援助机构工作人员、基层法律服务工作者和法律援助志愿者等。根据本条，法律援助人员应当依法履行职责，对于此处的“法”应作广义上的理解，即关于法律援助人员提供法律援助时工作职责和工作质量的规定，可以囊括在多个层级的规范性文件中，不仅包括法律、行政法规、地方性法规等，也包括各类规定、办法、决定等。

2. 关于“及时”的界定。《法律援助条例》第 18 条、第 19 条，共有两处明确规定了法律援助机构应当为符合法律援助条件的申请人“及时”提供法律援助，而本法第 44 条、第 50 条等有近十处设定了法律援助机构、法律援助人员应当及时履责的情形，其中，第 36 条、第 39 条、第 43 条、第 49 条等条文分别对审查、指派等期限，具体作出“三日”“二十四小时”“七日”“五日”的规定，有效保证申请人以最短的时间获得法律援助服务，受援人的合法权益得到最大限度的保障。同时，需要注意的是，根据本法第 22 条，法律援助人员依法应提供刑事辩护与代理，民事案件、行政案件、国家赔偿案

---

① 周旺生：《论法律援助法的总则构建》，载《法制与社会发展》2002 年第 4 期。

件的诉讼代理及非诉讼代理的法律援助服务，如果各类援助案件类型或者受援人为特殊主体，在基本法律规范之外，法律援助人员履行职责还应当符合特别法关于“及时”的相关规定。

3. 关于“标准”的规定。就本法而言，法律援助人员提供的法律援助服务包括但不限于法律咨询、代拟法律文书、案件代理、值班律师法律帮助等。关于法律援助服务的标准，则散见在各项规范性文件中。《法律援助制度意见》规定，推进法律援助标准化建设，明确要建立健全法律援助组织实施各环节业务规范，完善法律援助承办环节工作制度，规范法律咨询等办理流程，制定刑事、民事、行政法律援助案件质量标准。具体到各类案件领域，2005年《民事诉讼法律援助工作规定》进一步规范了民事诉讼法律援助工作；2013年《刑事诉讼法律援助工作规定》贯彻实施修改后的《刑事诉讼法》有关法律援助的规定，规范刑事法律援助工作；2014年《国家赔偿法律援助工作意见》加强和规范国家赔偿案件的法律援助工作。具体到程序方面，2012年《办理法律援助案件程序规定》从受理、审查、承办等各个流程对法律援助服务进行了明确规定。关于“标准”的依据，最明确的是法律援助领域的行业服务规范。司法部于2019年2月25日发布《全国刑事法律援助服务规范》，对刑事法律援助案件各环节严格规范，努力为受援群众提供优质便捷的法律援助服务，具有较强的可操作性和指导意义；2019年11月15日又发布《全国民事行政法律援助服务规范》，规定了民事行政法律援助的服务原则、服务类型、法律咨询、诉讼案件代理、非诉讼案件代理以及服务质量控制等要求。上述规范性文件逐步完善了全国法律援助行业的服务标准，为法律援助人员在刑事、民事、行政案件领域提供符合“标准”的服务，提供了切实可行的制度依据。

（孙安然　撰写）

第二十条 【遵守职业道德】法律援助人员应当恪守职业道德和执业纪律，不得向受援人收取任何财物。

【立法背景】

本条是关于法律援助人员应当遵守职业道德和执业纪律的规定。敬业是社会主义核心价值观基本内容之一，充分体现了社会主义职业精神。作为法律援助人员，从主观上和客观上，均理应承担比从事其他职业更高的行为准则要求。《法律援助条例》早已明确，办理法律援助案件的人员应当遵守职业道德和执业纪律，提供法律援助不得收取任何财物；如违反上述规定，将依法予以处罚。本条规定继续沿袭《法律援助条例》的相关规定。

【条文解读与法律适用】

1. 法律援助人员遵纪守德的重要意义。法律援助人员的职业道德系相关人员在提供法律援助过程中应当遵守的基本道德规范，是义务性规范，是由内心信念维持的职业道德品质的自觉自省。法律援助人员的执业纪律系相关人员在提供法律援助过程中应当遵循的行业行为规范，包括法律法规规范、指引或倡导性宣言、行业自律准则等。法律援助人员树立良好的执业形象，是依法履行法律援助职责的要求，对个人执业有重要影响，也会对整个法律服务行业具有引导作用，是全社会践行社会主义核心价值观在本领域的重要体现。

2. 职业道德和执业纪律的具体规定。法律援助人员既包括法律援助律师，也包括参与法律援助工作的法律援助机构工作人员、基层法律服务工作者和法律援助志愿者等。当前在法律援助工作实践中，针对律师的职业道德和执业纪律规范较多，专门针对其他承担法律援助工作人员的规范较少，虽然法律援助工作有其特殊性，但律师的具体规范具有重要的参考价值。2014 年《律师职业道德建设意见》进一步健全完善律师职业道德规范制度体系，为加强律师职业道德建设、规范律师执业行为提供指引和依据，为律师恪守职业道德、严守执业纪律、严厉查处和纠正律师失德失信、违法违纪行为提供依据。2014年6月5日，中华全国律师协会发布《律师职业道德基本准则》，要求落实上述意见，切实加强律师职业道德建设，促进律师依法规范诚信执业。此外，2004年《律师和基层法律服务工作者开展法律援助工作办法》第8条规定，承办法律援助案件的律师和基层法律服务工作者，应当根据承办案件的需要，依照司法部、律师协会有关律师和基层法律服务工作者执业规范的要求，尽职尽责地履行法律服务职责，遵守职业道德和执业纪律。因此，律师和基层法律服务工作者在履行法律援助职责中应当予以遵守。对于其他承担法律援助的工作人员，也应遵守忠于职守、诚实守信、敬业勤业、注重职业道德修养等要求。

3. 收取受援人财物的法律后果。根据本法第12条、第52条的规定，司法行政部门设立的法律援助机构依照有关规定向法律援助人员支付法律援助补贴。法律援助制度实际上也是"法律扶贫"，是实现法律面前人人平等和完善社会保障的重要法律措施。[①] 无偿性是法律援助的重要属性，法律援助人员不得以任何理由向受援人收取任何财物，更不得假借办理法律援助案件之名从事有偿法律服务，违反人员将会被依法追究相应责任。根据本法第56条、第57条、第58条的规定，法律援助机构及法律援助人员不仅要接受司法行政部门的监督，还要接受社会监督；同时，本法也建立了法律援助工作投诉查处制度，对于法律援助人员违反职业道德和执业纪律行为的，受援人可以按照《法律援助投诉处理办法》的具体规定进行投诉，司法行政机关应当予以处理并及时答复。根据本法第61条、第63条的规定，法律援助机构及其工作人员收取受援人财物或从事有偿法律服务的，除退还或者没收违法所得以外，还会承担处罚或处分等相应的惩戒。

（孙安然　撰写）

---

① 叶青：《中国〈法律援助条例〉述评》，载《华东政法学院学报》2003年第6期。

第二十一条 【保密条款】法律援助机构、法律援助人员对提供法律援助过程中知悉的国家秘密、商业秘密和个人隐私应当予以保密。

【立法背景】

本条是关于法律援助机构、法律援助人员保密义务的规定。现代社会，信息数量多、交互速度快，在本法中专门设定保密条款是顺应社会发展趋势的必然要求。国家秘密事关国家安全、社会稳定；商业秘密关乎企业竞争力，可以为企业带来经济利益；作为人格尊严权重要组成部分的个人隐私，是我国《民法典》规定的公民权利之一。法律援助机构、法律援助人员对于在提供法律援助过程中知悉的国家秘密、商业秘密和个人隐私依法予以保密，是其基本义务亦是制度的应有之义。

【条文解读与法律适用】

1. 关于国家秘密、商业秘密和个人隐私的界定。一是国家秘密。根据《保守国家秘密法》第 2 条规定，国家秘密是关系国家安全和利益，依照法定程序确定，在一定时间内只限一定范围的人员知悉的事项。《保守国家秘密法实施条例》第 5 条规定，机关、单位不得将依法应当公开的事项确定为国家秘密，不得将涉及国家秘密的信息公开。根据法律及行政法规的有关规定，下列涉及国家安全和利益的事项，泄露后可能会损害国家在政治、经济、国防、外交等领域的安全和利益的，应当确定为国家秘密：（1）国家事务重大决策中的秘密事项；（2）国防建设和武装力量活动中的秘密事项；（3）外交和外事活动中的秘密事项以及对外承担保密义务的秘密事项；（4）国民经济和社会发展中的秘密事项；（5）科学技术中的秘密事项；（6）维护国家安全活动和追查刑事犯罪中的秘密事项；（7）经国家保密行政管理部门确定的其他秘密事项。政党的秘密事项中符合前款规定的，属于国家秘密。同时，法律还规定了一切国家机关、武装力量、政党、社会团体、企业事业单位和公民都有保守国家秘密的义务。因此，法律援助机构、法律援助人员对于在提供法律援助过程中知悉的国家秘密当然负有保密义务。二是商业秘密。根据《反不正当竞争法》第9条第4款的规定，商业秘密是指不为公众所知悉、具有商业价值并经权利人采取相应保密措施的技术信息、经营信息等商业信息。《侵犯商业秘密民事案件规定》第1条规定："与技术有关的结构、原料、组分、配方、材料、样品、样式、植物新品种繁殖材料、工艺、方法或其步骤、算法、数据、计算机程序及其有关文档等信息，人民法院可以认定构成反不正当竞争法第九条第四款所称的技术信息。与经营活动有关的创意、管理、销售、财务、计划、样本、招投标材料、客户信息、数据等信息，人民法院可以认定构成反不正当竞争法第九条第四款所称的经营信息。前款所称的客户信息，包括客户的名称、地址、联系方式以及交易习惯、意向、内容等信息。"《侵犯商业秘密民事案件规定》第5条以及《不正当竞争民事案件解释》第11条则对如何认定权利人为防止商业秘密泄露，在被诉侵权行为发生以前是否采取了合理的、相应的保密措施进行了界定。商业秘密以其实用性而具有现实或潜在的商业价值，能为权利人带来竞争优势及经济利益，因而具有立法保护的价值。三是个人隐私。根据《民法典》第990条第1款的规定，人格权是民事主体享有的生命权、身体权、健康权、姓名权、名称权、肖像权、名誉权、荣誉权、隐私权等权利。第1032条第1款规定，自然人享有隐私权。任何组织或者个人不得以刺探、侵扰、泄露、公开等方式侵害他人的隐私权。第1033条是关于隐私权侵害行为的规定，通过明确列举和规定兜底条款的方式，对该问题作出了全面规定。[①] 该条明确规定了除法律另有规定或者权利人明确同意外，任何组织或者个人不得处理他人的私密信息，或者以其他方式侵害他人的隐私权。

2. 关于保密义务的具体程度。法律援助机构、法律援助人员对知悉的国家秘密、商业秘密和个人隐私履行保密义务时，需要关注以下几个方面：一是落实国家秘密的保密义务，不得以任何方式泄露国家秘密。二是不得获取、披露、使用或者允许他人使用知悉的商业秘密。三是关注对特殊主体个人隐

---

① 江必新、夏道虎主编：《中华人民共和国民法典重点条文实务详解》，人民法院出版社2020年版，第998页。

私的保密义务，例如，《未成年人法律援助服务指引》第 7 条明确指出，法律援助承办人员办理未成年人的案件要保护未成年人隐私权和个人信息，不得公开涉案未成年人和未成年被害人的姓名、影像、住所、就读学校以及其他可能推断、识别身份信息的其他资料信息。四是关于例外披露情形，例如，《律师法》《律师执业行为规范》均有规定，律师应当保守在执业活动中知悉的国家秘密、商业秘密，不得泄露当事人的隐私；律师对在执业活动中知悉的委托人和其他人不愿泄露的有关情况和信息，应当予以保密；但是，委托人或者其他人准备或者正在实施危害国家安全、公共安全以及严重危害他人人身安全的犯罪事实和信息除外。

3. 关于不当披露的法律后果。法律援助机构、法律援助人员对在提供法律援助过程中知悉的国家秘密、商业秘密和个人隐私未依法履行保密义务的，将会承担以下法律责任：一是根据本法第 61 条的规定，法律援助机构及其工作人员，泄露法律援助过程中知悉的国家秘密、商业秘密和个人隐私的，由设立该法律援助机构的司法行政部门处理；二是根据本法第 63 条的规定，律师、基层法律服务工作者有上述行为的，由司法行政部门依法给予处罚；三是根据《刑法》的相关规定，如果构成泄露国家秘密罪、侵犯商业秘密罪、侵犯公民个人信息罪等，还将依法承担相应的刑事责任。

（孙安然　撰写）

第三章　形式和范围

本章概述

本章是关于法律援助形式和范围的规定，包括民事、行政和刑事法律事项中法律援助的主要形式和范围。具体来讲，是指有关部门确定的可以提供法律援助的具体案件和事项领域，包括法律援助的对象范围和法律援助的事项范围。本章共13条，分别规定了法律援助服务形式、刑事法律援助申请、值班律师提供法律帮助、经济困难当事人法律援助申请等方面。

第二十二条 【法律援助服务形式】法律援助机构可以组织法律援助人员依法提供下列形式的法律援助服务：

（一）法律咨询；

（二）代拟法律文书；

（三）刑事辩护与代理；

（四）民事案件、行政案件、国家赔偿案件的诉讼代理及非诉讼代理；

（五）值班律师法律帮助；

（六）劳动争议调解与仲裁代理；

（七）法律、法规、规章规定的其他形式。

【立法背景】

本条明确了法律援助的服务形式，其中既包括法律咨询、代拟法律文书、法律帮助等提供帮助服务的形式，也包括辩护、代理等提供正式代理服务的形式，相较于以往《法律援助条例》等规定的法律援助形式有了较大拓展，对于有效化解矛盾、促进社会关系和谐具有重要的意义。

【条文解读与法律适用】

本法第 2 条规定，“本法所称法律援助，是国家建立的为经济困难公民和符合法定条件的其他当事人无偿提供法律咨询、代理、刑事辩护等法律服务的制度，是公共法律服务体系的组成部分”，本条是对法律援助形式的细化规定。此前，《法律援助条例》并无关于法律援助形式的具体规定，仅以第 2 条作概括性规定，明确列举的法律援助形式仅包括法律咨询、代理、刑事辩护，造成法律援助实践中关于提供援助的形式的争议。在总结先期实践经验、广泛收集立法建议的基础上，本法对法律援助的形式以“列举+兜底”的方式作相对明确的规定，在增加法律援助形式的基础上，以“法律、法规、规章规定的其他形式”为抓手，应对将来可能出现的新情况、新要求，以此实现对受援事项的全领域覆盖。

1. 对法律援助的领域进行全覆盖。详观本条的立法设定，可以发现其并非仅丰富了法律援助的形式，为受援人提供了多元化法律援助服务，更重要的意义在于推动法律援助的全覆盖。法律援助是一项“民生工程”，肩负着诸多社会责任，是保障弱势群体合法权利的重要措施。对法律援助的形式进行补充性修改，可以让法律援助更为适应当前及未来时期的法律援助工作需要。关于法律援助的形式，本条明确规定了 6 种形式，包括法律咨询，代拟法律文书，刑事辩护与代理，民事案件、行政案件、国家赔偿案件的诉讼代理及非诉讼代理，值班律师法律帮助，劳动争议调解与仲裁代理，并规定了兜底条款，指出在其他法律法规规章有明确规定的情况下，可以援引相关法条提供以上 6 种形式之外的法律援助。该项规定为以后或者地方探索拓展新的法律援助形式提供了空间。关于本条明确规定的 6 种法律援助形式：（1）法律咨询是法律援助最基本的服务形式，为受援人的法律问题提供法律释明、对策建议；（2）代拟法律文书是法律援助人员基于案件基本情况及受援人的诉求等要素，为受援人起草、撰写非诉讼与诉讼法律文书的服务；（3）刑事辩护与代理是指在刑事案件中为犯罪嫌疑人、被告人提供辩护，或为被害人、自诉人以及附带民事诉讼中的原告提供代理的服务；（4）民事案件、行政案件、国家赔偿案件的诉讼代理及非诉讼代理，是指法律援助人员为受援人在以上类型案件中提供诉讼或非诉讼代理服务；（5）值班律师法律帮助是指看守所、检察院、法院等场所内设置的法律援助工作站的法律援助人员，为犯罪嫌疑人、被告人提供法律咨询、程序选择建议等方面意见、建议的法律援助服务；（6）劳动争议调解与仲裁代理是指为与用人单位产生劳动争议的劳动者提供调解代理或劳动仲裁代理的法律援助服务。

2. 充分全面保障受援人合法权利的同时有效节约解纷资源。根据本条规定，法律援助人员可以为受援人提供民事案件、行政案件、国家赔偿案件的诉讼代理或非诉讼代理，在劳动争议案件中提供调解、仲裁代理。在以上类型案件中，法律援助人员可以通过非诉讼手段在诉前或仲裁前介入纠纷，为受援人提供法律援助服务，即便在刑事案件中，亦有值班律师可以在刑事诉讼开始前为犯罪嫌疑人提供法律服务，从而将刑事诉讼前的法律活动涵盖在法律援助的范围之中。依此而言，通过对诉前法律援助形式的规定，法律援助实现了全流程的覆盖。而法律援助全流程覆盖的优势在于可以将法律援助的介入阶段提前，帮助受援人将矛盾、纠纷解决在争端早期，推进法律实践的进程，避免纠纷向更深层次发展，在充分全面保障受援人合法权利的同时，有效节约司法资源。

3. 法律援助形式的确定。除法律明确规定应当指派法律援助的情形外，法律援助发起自受援人的申请，但法律援助形式的选择由法律援助机构决定。关于法律援助形式的选择，首先应当基于“便利受援人”的角度考量，法律援助机构应当根据受援事项的具体情况，结合受援人申请，从有利于保障受援人权益的角度出发，合理确定援助形式，对于部分标的金额不大、法律关系明晰的事项，可以提供相关非诉讼等较为快捷的法律援助服务，推进受援事项及时解决；其次可以根据受援事项情况同时提供多种法律援助服务，如在提供法律咨询或代拟法律文书后，继续提供民事案件的诉讼代理或非诉讼代理。

（仲威 撰写）

第二十三条　【法律咨询服务提供】法律援助机构应当通过服务窗口、电话、网络等多种方式提供法律咨询服务；提示当事人享有依法申请法律援助的权利，并告知申请法律援助的条件和程序。

【立法背景】

本条是关于法律援助获取途径的规定，主要包括以下两个方面：一是进一步拓宽法律咨询的获取渠道，明确将网络渠道纳入法律援助的获取渠道，并且为开拓新的法律咨询渠道预留了空间；二是为提供法律援助的工作人员增设了提示义务，要求法律援助工作人员在提供法律咨询时，要告知受援人享有依法申请法律援助的权利以及申请法律援助的条件和程序。本条规定为当事人获得法律援助权利提供了必要保障。

【条文解读与法律适用】

1. 通过多种方式提供法律咨询服务。随着互联网技术的深入发展，传统社会与虚拟世界互为映射，人们的生活习惯与沟通方式均发生了重要的变革，并且人员流动性的增加也对法律援助的获取渠道提出了更高的要求。因此，为了保障更广泛的人民群众即时获得法律援助服务，获取法律援助的渠道也紧随技术的进步而拓宽。这既迎合了时代的需求，符合了人民的利益，也在实践中进一步推动了法律援助资源的跨区域流动。基于上述考虑，本条明确了法律援助机构提供法律咨询服务的渠道和方式，并规定了法律援助机构告知当事人有依法申请法律援助权利的法定义务。

2. 充分保障当事人的知情权。法律援助机构人员在了解当事人具体情况后，对于符合申请法律援助服务的公民，应当提示当事人享有依法申请法律援助的权利，并告知应当通过何种程序、提交哪些材料来完成申请，帮助当事人知晓法律援助通道。需要说明的是，这里的提示和告知义务与本法第35条规定的告知义务不同。本法第35条的告知义务主体是人民法院、人民检察院、公安机关和有关部门，而此处的告知义务主体是法律援助机构。

3. 提供法律咨询服务注意事项。本条在适用中需要注意的是：第一，基于条文的规范意旨以及操作的可行性，在提供法律援助咨询时不必严格限制咨询人的条件和咨询事项的范围，即使咨询人不属于法定的可提供法律援助对象的范畴，咨询的事项亦不在本法第 31 条规定的可提供法律援助事项之中，法律援助工作人员仍可就咨询的事项作初步的法律释明，关于此点，《法律援助制度意见》亦在“实现法律援助咨询服务全覆盖”中点明；第二，尽管无法在咨询时审核咨询人的经济条件，但法律援助工作人员在履行法律援助提示义务时，应当以本法规定的事项范围履行法律援助提示义务，不必将依法不应援助之事项引流至法律援助审核阶段。

（仲威　撰写）

第二十四条 【刑事法律援助申请】刑事案件的犯罪嫌疑人、被告人因经济困难或者其他原因没有委托辩护人的，本人及其近亲属可以向法律援助机构申请法律援助。

【立法背景】

本条是关于刑事诉讼案件中申请法律援助主体的规定，明确了因经济困难或其他原因没有委托辩护人的犯罪嫌疑人、被告人及其近亲属可以申请法律援助。相比《法律援助条例》，本条扩大了申请法律援助主体的范围。《刑事诉讼法》第35条也规定了法律援助条款，“犯罪嫌疑人、被告人因经济困难或者其他原因没有委托辩护人的，本人及其近亲属可以向法律援助机构提出申请”。本条将刑事案件申请法律援助的主体规定与《刑事诉讼法》保持一致，体现了法律的统一性。

【条文解读与法律适用】

1. 删除关于法律援助的时间限制。《法律援助条例》第11条规定，“犯罪嫌疑人在被侦查机关第一次讯问后或者采取强制措施之日起，因经济困难没有聘请律师的”，可以向法律援助机构申请法律援助。本条删除了关于申请法律援助的时间限制，目前刑事诉讼中的法律援助服务理论上可以覆盖刑事诉讼的全部流程。

2. 经济困难是申请法律援助的重要原因之一。在任何一种法律制度下，构建法律援助制度的基本初衷无外乎让经济困难的公民能够享受到政府出资聘请律师为他提供法律服务。但是政府对法律援助的出资是有限度的，政府提供法律援助资金不可能让所有人及其所有事项都能获得免费法律服务。也就是说，法律援助面向全体公民，但又不是所有的人、所有的事都可以申请法律援助。为此，以经济困难作为申请法律援助的重要原因之一，显得十分合理。

3. 加强对特殊群体的保护。本条设置了“其他原因没有委托辩护人”的兜底性规定。2013 年《刑事诉讼法律援助工作规定》第 2 条也规定，犯罪嫌疑人、被告人符合一级或二级智力残疾、共同犯罪案件中其他犯罪嫌疑人已委托辩护人等条件的，可以申请法律援助，着重于对特殊群体的保护。由此而言，结合《刑事诉讼法》相关规定，对于该兜底性规定，可以考虑参照适用《刑事诉讼法律援助工作规定》，不必严格受经济困难限制，而以犯罪嫌疑人、被告人是否属于应当酌情提供法律援助的特殊群体为标准。

（仲威　撰写）

第二十五条　【法律援助机构指派律师担任辩护人的法定情形】 刑事案件的犯罪嫌疑人、被告人属于下列人员之一，没有委托辩护人的，人民法院、人民检察院、公安机关应当通知法律援助机构指派律师担任辩护人：

（一）未成年人；

（二）视力、听力、言语残疾人；

（三）不能完全辨认自己行为的成年人；

（四）可能被判处无期徒刑、死刑的人；

（五）申请法律援助的死刑复核案件被告人；

（六）缺席审判案件的被告人；

（七）法律法规规定的其他人员。

其他适用普通程序审理的刑事案件，被告人没有委托辩护人的，人民法院可以通知法律援助机构指派律师担任辩护人。

【立法背景】

本条进一步细化、明确了刑事案件法律援助的范围，将现有的法律规范予以整合，在此基础上进一步扩大了刑事法律援助的范围。同时，将其他适用普通程序审理的刑事案件中被告人没有委托辩护人的情形，纳入了人民法院可以指定辩护的范围。

【条文解读与法律适用】

1. 整合现行法律规定。本条第 1 款第 1 项、第 4 项、第 6 项规定了未成年人，可能被判处无期徒刑、死刑的人和缺席审判案件的被告人，没有委托辩护人的，人民法院、人民检察院、公安机关应当通知法律援助机构指派律师担任辩护人，将《刑事诉讼法》第 278 条，第 35 条第 2 款、第 3 款和第

293 条的规定[①]进行了整合。应当注意，犯罪嫌疑人、被告人是未成年人，是指犯罪时为未成年人，在案件进入刑事程序以后，不论其是否成年，均属于应当指派律师辩护的情形。本条第 1 款第 3 项规定，不能完全辨认自己行为的成年人应当指定辩护。这一表述采用的是《民法典》的表述，根据《民法典》第 22 条的规定，“不能完全辨认自己行为的成年人为限制民事行为能力人，实施民事法律行为由其法定代理人代理或者经其法定代理人同意、追认；但是，可以独立实施纯获利益的民事法律行为或者与其智力、精神健康状况相适应的民事法律行为”。在《法律援助法（草案）》《法律援助法（二审稿）》中，本项规定采用的是《刑事诉讼法》的表述，即“尚未完全丧失辨认或者控制自己行为能力的精神病人”。根据《刑法》第 18 条第 3 款，尚未完全丧失辨认或者控制自己行为能力的精神病人犯罪的，应当负刑事责任，但是可以从轻或者减轻处罚。这一类人在刑事犯罪中属于限制刑事责任能力人。但是刑法中完全刑事责任年龄是 16 岁，因此 16 岁至 18 岁的未成年人属于完全刑事责任能力人。如果本项完全采用刑法中限制刑事责任能力人的表述，则 16 岁至 18 岁的限制刑事责任能力人，与本条第 1 款第 1 项规定的未成年人有一定重叠。为了更科学地确定应当指定辩护的范围，有委员建议将此项“精神病人”修改为“成年人”，最终本法采纳了该意见，将本项修改为“不能完全辨认自己行为的成年人”。

虽然本法与《刑法》《刑事诉讼法》在条文的表述上略有差异，但是辨认能力和控制能力是有内在联系的，不能完全辨认自己行为，与《刑法》所规定的尚未完全丧失辨认或者控制能力没有实质差别。本项规定指的是，刑事案件中，成年人当中尚未完全丧失辨认或者控制能力的限制刑事责任能力人，没有委托辩护人的，应当指定辩护。

---

① 《刑事诉讼法》第 278 条规定，未成年犯罪嫌疑人、被告人没有委托辩护人的，人民法院、人民检察院、公安机关应当通知法律援助机构指派律师为其提供辩护。第 35 条第 2 款、第 3 款规定，犯罪嫌疑人、被告人是盲、聋、哑人，或者是尚未完全丧失辨认或者控制自己行为能力的精神病人，没有委托辩护人的，人民法院、人民检察院和公安机关应当通知法律援助机构指派律师为其提供辩护。犯罪嫌疑人、被告人可能被判处无期徒刑、死刑，没有委托辩护人的，人民法院、人民检察院和公安机关应当通知法律援助机构指派律师为其提供辩护。第 293 条规定，人民法院缺席审判案件，被告人有权委托辩护人，被告人的近亲属可以代为委托辩护人。被告人及其近亲属没有委托辩护人的，人民法院应当通知法律援助机构指派律师为其提供辩护。

2. 适度扩大应当指定辩护的范围。一是视力、听力、言语残疾人。《刑事诉讼法》第 35 条第 2 款规定，犯罪嫌疑人、被告人是盲、聋、哑人，没有委托辩护人的，人民法院、人民检察院和公安机关应当通知法律援助机构指派律师为其提供辩护。《法律援助法（草案）》沿用了《刑事诉讼法》的表述，在委员建议下，本条第 1 款第 2 项不再表述为盲、聋、哑人，而使用视力、听力、言语残疾人的表述，所涉及的应当指定辩护的对象范围有所扩大。《中国残疾人实用评定标准》对视力、听力、言语残疾人的残疾程度有相应分级，视力残疾不仅包括盲，还包括低视力；听力残疾包括听力完全丧失及有残留听力但辨音不清，不能进行听说交往两类；言语残疾包括言语能力完全丧失及言语能力部分丧失，不能进行正常言语交往两类。因此，视力、听力、言语残疾人不仅包括盲、聋、哑人，还包括视力、听力和言语残疾但尚未达到盲、聋、哑程度的残疾人。本项用语表述的变化相应扩大了应当指定辩护的范围。二是死刑复核案件。本条第 1 款第 5 项新增申请法律援助的死刑复核案件被告人应当指定辩护。死刑复核案件中的被告人虽被判处死刑，不再适用可能判处死刑应当指定辩护的规定，但未最终生效，死刑还存在是否核准的问题，因此死刑复核程序实质影响了被告人的实体权利，有必要通过法律援助律师予以充分保障。因此，本项明确了对于申请法律援助的死刑复核案件被告人应当指定辩护。在死刑复核案件中，人民法院受理案件时，应当及时告知被告人有申请法律援助的权利，对于申请法律援助的，应当通知法律援助机构指派律师担任辩护人。

3. 设立兜底条款。本条第 1 款第 7 项规定，对法律法规规定的其他应当指定辩护的人员也应当通知法律援助机构指派律师担任辩护人。通过设立兜底条款的方式，对应当指定辩护的人员范围作了开放性规定，便于将其他法律法规所规定的人员纳入本法调整范围。

4. 逐步实现刑事指定辩护全覆盖。有委员和部门提出，法律援助应当与刑事案件律师辩护全覆盖试点工作相结合，加大人权司法保障力度。鉴于此，本条第 2 款规定“其他适用普通程序审理的刑事案件，被告人没有委托辩护人的，人民法院可以通知法律援助机构指派律师担任辩护人”，凸显了“可以”指定辩护的倾向性意见。本款之所以规定为“可以”指定辩护而非“应当”指定辩护，主要是考虑到：立法上使用“可以”具有一定的倾向性，对于有条件的地区，可以与刑事案件律师辩护全覆盖试点工作相结合、相衔接，持续扩大刑事法律援助范围，一般均应予以指派；对于条件尚不成熟的地区，一概要求指定辩护，地方法律服务资源和经费难以承受，不利于法律援助事业的健康发展。因此，可以在保障应当指定辩护的覆盖率与质量的前提下，有计划地逐步将法律援助扩展到所有适用普通程序审理的刑事案件当中。

（吴伦基 撰写）

第二十六条　【重刑刑事案件法律援助】对可能被判处无期徒刑、死刑的人，以及死刑复核案件的被告人，法律援助机构收到人民法院、人民检察院、公安机关通知后，应当指派具有三年以上相关执业经历的律师担任辩护人。

【立法背景】

本条明确了对于可能被判处无期徒刑、死刑的人和死刑复核案件的被告人，应当指派具有三年以上相关执业经历的辩护律师。在《修改情况的汇报》中，有的委员、地方和社会公众提出，对于一些特殊案件，应当指派具有一定经验的律师担任辩护人。宪法和法律委员会经研究，建议明确可能被判处无期徒刑、死刑的人以及死刑复核案件的被告人需要法律援助的，法律援助机构应当指派具有三年以上相关执业经历的律师担任辩护人。

【条文解读与法律适用】

可能判处无期徒刑、死刑的人，以及申请法律援助的死刑复核案件的被告人，属于应当指定辩护的范围。本条规定应当指派具有三年以上相关执业经历的律师担任辩护人，主要是考虑到实践中存在指定辩护流于形式、质量不高的问题。特别是可能判处无期徒刑、死刑以及死刑复核案件，案情重大疑难复杂，如果交由相关业务经验不足的律师，难以保障重大案件的法律援助质量。因此，指派具有三年以上相关执业经历的律师担任辩护人，对于提升指定辩护的质量、防止冤假错案、保障被告人合法权益具有重要意义。三年以上相关执业经历，是指从事三年以上刑事辩护业务，对于不仅从事刑事辩护，还从事其他法律工作的，应当以刑事辩护业务为主。对于曾经从事相关业务三年以上，后不再从事相关业务的律师，从本条的立法目的出发，为了更加充分地保障此类特殊案件的犯罪嫌疑人、被告人的合法权益，连续两年不再从事相关业务的律师，不宜作为此类案件的指定辩护人。

（吴伦基　撰写）

第二十七条 【犯罪嫌疑人、被告人委托辩护权保障】 **人民法院、人民检察院、公安机关通知法律援助机构指派律师担任辩护人时，不得限制或者损害犯罪嫌疑人、被告人委托辩护人的权利。**

【立法背景】

犯罪嫌疑人、被告人委托辩护人的权利是法定的权利，不得以任何理由加以剥夺。为了协调指定辩护与委托辩护的关系，充分尊重当事人委托辩护的权利，本法最终增加规定："人民法院、人民检察院、公安机关通知法律援助机构指派律师担任辩护人时，不得限制或者损害犯罪嫌疑人、被告人委托辩护人的权利。"

【条文解读与法律适用】

刑事指定辩护是国家为没有委托辩护人的经济困难的公民和符合法定条件的其他当事人无偿提供的法律服务，委托辩护是犯罪嫌疑人、被告人的法定权利，刑事指定辩护对于委托辩护而言，处于补充性地位。根据《刑事诉讼法》的规定，犯罪嫌疑人自被侦查机关第一次讯问或者采取强制措施之日起，有权委托辩护人，被告人有权随时委托辩护人。因此，要依法充分保障委托辩护权利的完整性，任何时期的指定辩护均不得限制、损害犯罪嫌疑人、被告人委托辩护人的权利。不得因指定辩护，而不依法告知犯罪嫌疑人、被告人有权委托辩护人，也不得以已经指定辩护为由，限制、损害犯罪嫌疑人、被告人委托辩护人的权利。对于指定辩护后，犯罪嫌疑人、被告人又委托辩护人的，公安机关、人民检察院、人民法院应当及时通知法律援助机构，撤销指定辩护。对于犯罪嫌疑人、被告人委托辩护人后解除委托关系的，公安机关、人民检察院、人民法院应当通知法律援助机构指派律师担任其辩护人。

（吴伦基　撰写）

第二十八条　【强制医疗案件法律援助】强制医疗案件的被申请人或者被告人没有委托诉讼代理人的，人民法院应当通知法律援助机构指派律师为其提供法律援助。

【立法背景】

本条将《刑事诉讼法》的规定予以整合，根据《刑事诉讼法》第 304 条的规定，人民法院审理强制医疗案件，应当通知被申请人或者被告人的法定代理人到场。被申请人或者被告人没有委托诉讼代理人的，人民法院应当通知法律援助机构指派律师为其提供法律帮助。

【条文解读与法律适用】

强制医疗程序是《刑事诉讼法》规定的刑事特别程序。根据《刑事诉讼法》第 302 条的规定，实施暴力行为，危害公共安全或者严重危害公民人身安全，经法定程序鉴定依法不负刑事责任的精神病人，有继续危害社会可能的，可以予以强制医疗。因此，强制医疗案件的被申请人、被告人均系依法不负刑事责任的精神病人。虽然强制医疗案件要求人民法院应当通知被申请人或被告人的法定代理人到场，但为了更加充分地保障当事人合法权益，有必要指派律师提供法律帮助。

关于通知指派辩护律师的时间要求，根据 2021 年《刑诉法解释》第 634 条的规定，被申请人或者被告人没有委托诉讼代理人的，人民法院应当自受理强制医疗申请或者发现被告人符合强制医疗条件之日起三日内，通知法律援助机构指派律师担任其诉讼代理人，为其提供法律帮助。本法虽未明确指派的时间要求，但根据 2021 年《刑诉法解释》的规定，人民法院应当在受理申请或发现被告人符合条件之日起三日内，通知法律援助机构指派律师担任其辩护人。

（吴伦基　撰写）

第二十九条 【被害人、自诉人及原告人等法律援助申请】 **刑事公诉案件的被害人及其法定代理人或者近亲属，刑事自诉案件的自诉人及其法定代理人，刑事附带民事诉讼案件的原告人及其法定代理人，因经济困难没有委托诉讼代理人的，可以向法律援助机构申请法律援助。**

【立法背景】

本条规定了刑事案件中可以申请法律援助的主体范围，除了刑事案件的犯罪嫌疑人、被告人之外，主要包括刑事公诉案件的被害人及其法定代理人或者近亲属、刑事自诉案件的自诉人和刑事附带民事诉讼案件的原告人及其法定代理人。以上三类群体的诉讼权利应当得到法律保护，如因经济困难没有委托诉讼代理人的，可以向法律援助机构申请法律援助。

【条文解读与法律适用】

《刑事诉讼法律援助工作规定》第3条规定："公诉案件中的被害人及其法定代理人或者近亲属，自诉案件中的自诉人及其法定代理人，因经济困难没有委托诉讼代理人的，可以向办理案件的人民检察院、人民法院所在地同级司法行政机关所属法律援助机构申请法律援助。"相较于之前的规定，本条增加了刑事附带民事诉讼案件的原告人及其法定代理人。《刑事诉讼法》第46条第1款规定："公诉案件的被害人及其法定代理人或者近亲属，附带民事诉讼的当事人及其法定代理人，自案件移送审查起诉之日起，有权委托诉讼代理人。自诉案件的自诉人及其法定代理人，附带民事诉讼的当事人及其法定代理人，有权随时委托诉讼代理人。"在本法第二次审议时，上海社科院、中国政法大学建议在之后增加附带民事诉讼的当事人，最终审议通过了此规定，本条规定的三类主体和《刑事诉讼法》的规定相一致。

2012年《刑事诉讼法》修改，明确将尊重与保障人权写入其中，标志着我国刑事诉讼领域对于人权保障进入了一个新的阶段。我国整个刑事诉讼体系中对于维护犯罪嫌疑人、被告人的人权保障还是处于主流地位，被害人作为遭受犯罪行为直接侵犯的人，其人权保障在制度上仍有所缺失，在刑事诉讼的过程中没有得到足够的重视。而犯罪行为大部分都是存在被害人的，保护被害人的合法权益也应当是刑法的目的之一，对被害人的保护实际也是对公民基本人权的保护。因此，被害人在没有能力委托诉讼代理人时，应当可以寻求法律援助。在准确惩罚犯罪的同时，给予被害人充分的保护和救济，对于从个案中修复被破坏的社会关系，促进社会的和谐统一有重要的意义。同样，对于刑事案件的自诉人而言，其往往也是受害者，更是诉讼参与主体，在刑事诉讼过程中理应享有委托诉讼代理人的权利。因此本法吸收了《刑事诉讼法律援助工作规定》和《刑事诉讼法》中的规定，明确刑事自诉案件的自诉人及其法定代理人同样享有申请法律援助的权利。关于刑事附带民事诉讼原告人及其法定代理人，根据《刑事诉讼法》第 101 条的规定，被害人由于被告人的犯罪行为而遭受物质损失的，在刑事诉讼过程中，有权提起附带民事诉讼。被害人死亡或者丧失行为能力的，被害人的法定代理人、近亲属有权提起附带民事诉讼。可见刑事附带民事诉讼案件的原告人通常都是刑事案件的被害人，在被害人死亡或者丧失行为能力时，可能会是被害人的法定代理人、近亲属。因此，这个主体范围其实和前一个刑事公诉案件的被害人及其法定代理人或者近亲属相同，但是前一个主体范围没有规定刑事自诉案件中的附带民事诉讼原告人的情况，而且考虑到刑事附带民事诉讼案件中原告人的地位并不同于刑事案件中被害人的地位，享有的诉讼权利也并不一样，因此本法采用《刑事诉讼法》的规定，将此类主体单独列出，强调对其诉讼权利的保护。

本条中的近亲属按照《刑事诉讼法》第 108 条第 6 项的规定，是指夫、妻、父、母、子、女、同胞兄弟姊妹。本条中的法定代理人按照《刑事诉讼法》第 108 条第 3 项的规定，是指被代理人的父母、养父母、监护人和负有保护责任的机关、团体的代表。本条中的经济困难没有统一规定，各地按照具体情况进行规定，通常将城乡居民最低生活保障标准的 1.5—2 倍作为确定法律援助经济困难标准的依据。需要注意的是，上述人员在向法律援助机构申请法律援助时需要遵循《刑事诉讼法》中委托诉讼代理人的时间规定。即刑事公诉案件中，权利人自案件移送审查起诉之日起，有权向法律援助机构申请法律援助。刑事自诉案件中，权利人有权随时向法律援助机构申请法律援助。

（谢道　撰写）

第三十条　【值班律师提供法律帮助】值班律师应当依法为没有辩护人的犯罪嫌疑人、被告人提供法律咨询、程序选择建议、申请变更强制措施、对案件处理提出意见等法律帮助。

【立法背景】

本条规定了值班律师的职责和义务。值班律师制度是在近年的试点中逐步推广确立的一项新制度，属于“舶来品”，关于值班律师的定位，之前也存在一定的争议。本法参照《刑事诉讼法》和《法律援助值班律师工作办法》的规定对值班律师的职责和义务予以规定，明确值班律师应当提供的法律帮助类型，是深入贯彻落实习近平总书记重要指示精神和党中央、国务院关于法律援助工作决策部署的重要举措，是法律援助推进全面依法治国、服务保障和改善民生的重要实践，对于促进司法公正、保障人权、维护社会和谐稳定具有重要意义。

【条文解读与法律适用】

2015 年 6 月发布的《法律援助制度意见》从宏观政策上指出要建立法律援助值班律师制度。2017 年 8 月两高、公安部等发布的《关于开展法律援助值班律师工作的意见》（已失效），对法律援助机构的值班律师的定位、职责、法援机构建立等予以规定。2018 年 10 月《刑事诉讼法》修改，值班律师制度被正式纳入。2019 年 7 月发布的《公共法律服务体系建设意见》明确提出，“加强法律援助值班律师工作，推进法律援助参与认罪认罚从宽案件办理工作，依法保障刑事诉讼当事人合法权益”。2019 年司法部印发《全面深化司法行政改革纲要（2018—2022 年）》，要求“健全完善法律援助值班律师制度。完善值班律师工作运行机制，细化值班律师职责范围、权利保障、监督管理、工作保障措施”。2019 年以来，司法部在广泛调研和反复征求有关方面意见的基础上，牵头起草了《法律援助值班律师工作办法》，其中第 6 条第 1 款、第 2 款规定：“值班律师依法提供以下法律帮助：（一）提供法律咨询；

（二）提供程序选择建议；（三）帮助犯罪嫌疑人、被告人申请变更强制措施；（四）对案件处理提出意见；（五）帮助犯罪嫌疑人、被告人及其近亲属申请法律援助；（六）法律法规规定的其他事项。值班律师在认罪认罚案件中，还应当提供以下法律帮助：（一）向犯罪嫌疑人、被告人释明认罪认罚的性质和法律规定；（二）对人民检察院指控罪名、量刑建议、诉讼程序适用等事项提出意见；（三）犯罪嫌疑人签署认罪认罚具结书时在场。”《刑事诉讼法》第36条第1款规定：“法律援助机构可以在人民法院、看守所等场所派驻值班律师。犯罪嫌疑人、被告人没有委托辩护人，法律援助机构没有指派律师为其提供辩护的，由值班律师为犯罪嫌疑人、被告人提供法律咨询、程序选择建议、申请变更强制措施、对案件处理提出意见等法律帮助。”第174条第1款规定：“犯罪嫌疑人自愿认罪，同意量刑建议和程序适用的，应当在辩护人或者值班律师在场的情况下签署认罪认罚具结书。”以上可见，本条规定和《刑事诉讼法》有关规定基本相同，在具体适用时可以参照上述规定。

（谢道　撰写）

第三十一条　【经济困难当事人法律援助申请事项范围】 下列事项的当事人，因经济困难没有委托代理人的，可以向法律援助机构申请法律援助：

（一）依法请求国家赔偿；

（二）请求给予社会保险待遇或者社会救助；

（三）请求发给抚恤金；

（四）请求给付赡养费、抚养费、扶养费；

（五）请求确认劳动关系或者支付劳动报酬；

（六）请求认定公民无民事行为能力或者限制民事行为能力；

（七）请求工伤事故、交通事故、食品药品安全事故、医疗事故人身损害赔偿；

（八）请求环境污染、生态破坏损害赔偿；

（九）法律、法规、规章规定的其他情形。

【立法背景】

本条规定了经济困难当事人申请法律援助的事项范围。本条在总结当前我国法律援助工作现状的基础上，对法律援助范围作了适当扩大。主要体现在民事、行政法律援助方面，新增了“请求社会救助”“确认劳动关系”“请求人身损害赔偿”“生态破坏损害赔偿”等事项，体现了对社会关切的回应，有利于更好保障公民权利，修复社会关系，维护良好的社会秩序。

【条文解读与法律适用】

《法律援助条例》第 10 条第 1 款规定：“公民对下列需要代理的事项，因经济困难没有委托代理人的，可以向法律援助机构申请法律援助：（一）依法请求国家赔偿的；（二）请求给予社会保险待遇或者最低生活保障待遇的；（三）请求发给抚恤金、救济金的；（四）请求给付赡养费、抚养费、扶养费的；（五）请求支付劳动报酬的；（六）主张因见义勇为行为产生的民事权益的。”该范围随着社会发展略显不足，因此，各省在制定本省的法律援助法规时，根据本省的情况对法律援助范围有一定的增加。例如，《江苏省法律援助条例》增加了因身体遭受严重损害请求赔偿的；因遭受家庭暴力、虐待或者遗弃要求变更或者解除收养、监护关系的；因遭受家庭暴力、虐待、遗弃、对方重婚或者有配偶者与他人同居的受害方要求离婚的等情形。《辽宁省法律援助条例》补充规定了涉及工伤待遇、环境污染、公共卫生、安全生产造成人身损害等情形。《安徽省法律援助条例》补充规定了涉及行政补偿、劳动争议、人身损害、财产损失、家庭暴力、虐待、遗弃、农业生产损失、高危作业、土地承包经营权及其流转等情形。从各省的规定来看，主要扩大了涉及环境污染、生产安全、公共卫生等方面造成的损害的法律援助范围。2015 年，《法律援助制度意见》将“不断扩大法律援助范围、提高援助质量”作为法律援助制度改革的目标。此后，“应援尽援”和“应援优援”成为从中央到地方对制度改革目标的形象化描述。之后，在全国范围内开展了刑事案件审判阶段的法律援助全覆盖试点，而在民事、行政领域的法律援助范围的扩大在本法中得以体现。相比于《法律援助条例》，本法进一步扩大了法律援助的范围，将请求社会救助、确认劳动关系、认定无民事行为能力或限制民事行为能力、环境污染、生态破坏损害赔偿等纳入其中，保障更多事项能够获得法律援助，全方位保护公民合法权利。

（谢逍 撰写）

第三十二条　【不受经济困难条件限制的情形】有下列情形之一，当事人申请法律援助的，不受经济困难条件的限制：

（一）英雄烈士近亲属为维护英雄烈士的人格权益；

（二）因见义勇为行为主张相关民事权益；

（三）再审改判无罪请求国家赔偿；

（四）遭受虐待、遗弃或者家庭暴力的受害人主张相关权益；

（五）法律、法规、规章规定的其他情形。

【立法背景】

2013年2月，习近平总书记在中共中央政治局第四次集体学习时强调“要加大对困难群众维护合法权益的法律援助”[①]。“困难”不仅包括经济困难，实践中，一些群体由于身份上或境遇上的特殊性在司法程序中处于相对弱势地位，其权利极易被忽视或受到侵害；或者案件涉及维护社会公共利益和弘扬社会主义核心价值观，需要法律给予特殊保护。为了更好地保障人权、实现公平正义，法律援助针对一些特殊对象和特殊情形免予经济条件的限制。本条立法对于免予经济困难条件的审查没有局限于刑事法律援助中的特殊情形，进一步扩大了援助范围，对于民事或者行政法律援助中的特殊情形也免予经济困难条件的限制。从我国关注改善民生、促进公平正义、全面推进依法治国的重大战略方针出发，降低法律援助门槛，更广泛地解决处于困境中的当事人的法律问题，使法律援助惠及更多困难群众是本法的基本目的。

【条文解读与法律适用】

一、关于不受申请人经济困难条件限制的情形

为落实党中央关于法律援助工作的决策部署，总结当前我国法律援助工作现状，本法对法律援助范围作了适当扩大。本条采取部分列举加兜底的立

---

① 习近平：《依法治国依法执政依法行政共同推进》，载人民网，http：//jhsjk. people. cn/article/21613827，最后访问时间：2022年1月5日。

法模式，规定了当事人申请法律援助不受申请人经济困难条件限制的情形，所列举的四种情形是基于当事人行为的公益性（英雄烈士近亲属为维护英雄烈士的人格权益、因见义勇为行为主张相关民事权益），对个人权利的重大影响性（再审改判无罪请求国家赔偿），以及应当提供法律援助，但因人身自由受限等原因很有可能阻碍当事人寻求法律救济的情形（遭受虐待、遗弃或者家庭暴力的受害人主张相关权益）等考虑进行立法，相对扩大了法律援助的主体范围，兼顾了除经济困难以外的处于诉讼困境中的申请人。

二、对不受经济困难条件限制的情形具体内涵的理解

（一）英雄烈士近亲属为维护英雄烈士的人格权益

英雄是民族最闪亮的坐标，英雄烈士的事迹和精神是中华民族共同的历史记忆和社会主义核心价值观的重要体现。《英雄烈士保护法》第25条规定："对侵害英雄烈士的姓名、肖像、名誉、荣誉的行为，英雄烈士的近亲属可以依法向人民法院提起诉讼。英雄烈士没有近亲属或者近亲属不提起诉讼的，检察机关依法对侵害英雄烈士的姓名、肖像、名誉、荣誉，损害社会公共利益的行为向人民法院提起诉讼。负责英雄烈士保护工作的部门和其他有关部门在履行职责过程中发现第一款规定的行为，需要检察机关提起诉讼的，应当向检察机关报告。英雄烈士近亲属依照第一款规定提起诉讼的，法律援助机构应当依法提供法律援助服务。"本条和《英雄烈士保护法》作了衔接，将英雄烈士近亲属为维护英雄烈士的人格权益作为不受经济困难条件限制的法律援助情形。

（二）因见义勇为行为主张相关民事权益

《法律援助法（草案）》中针对不受经济困难限制的几种情形，仅概括性地规定为"法律法规对未成年人、妇女、老年人、残疾人、军人军属、英雄烈士近亲属、家庭暴力受害人等申请法律援助有特别规定的，依照其规定"。但在《法律援助法（二审稿）》中吸取了常委会组成人员、部门、地方和社会公众提出的"应当进一步扩大民事、行政法律援助覆盖面，放宽免予审查经济困难状况的情形"的意见，宪法和法律委员会经研究，建议增加规定："英雄烈士近亲属为维护英雄烈士的人格权益、因见义勇为行为主张相关民事权益等情形下，当事人申请法律援助的，不受经济困难条件的限制"，明确规定此类事项不受经济困难条件的限制。

见义勇为，是指非负有法定职责或者义务的自然人为保护国家、集体利益或者他人的人身财产安全，积极主动、义无反顾地与危害行为或者自然灾害进行斗争的行为。见义勇为者，其人身或者财产权益因见义勇为行为受到侵害，主张损害赔偿等民事权益的，根据本条规定，申请法律援助时不受经济困难条件的限制。虽然目前法律没有对见义勇为行为有明确的概念界定，但通过《民法典》第 183 条、第 184 条可以看出，见义勇为行为应当具备非义务主体、利他性、自愿性、积极作为等显著特征。为培育和鼓励良好的社会风尚，避免公民在见义勇为时存在后顾之忧甚至因帮助他人而产生不利后果，《民法典》对侵权人的民事责任以及受益人适当补偿责任作了规定，为见义勇为行为提供了法律支持，而本条规定则作为程序性衔接进一步为见义勇为者提供了法律保障。

（三）再审改判无罪请求国家赔偿

根据《国家赔偿法》第 17 条第 3 项、第 18 条第 2 项的规定，依照审判监督程序再审改判无罪，原判刑罚已经执行的或依照审判监督程序再审改判无罪，原判罚金、没收财产已经执行的，受害人有取得国家赔偿的权利。本法第 31 条第 1 项已经规定，依法请求国家赔偿的当事人，因经济困难没有委托代理人的，可以向法律援助机构申请法律援助。本条再次将“再审改判无罪请求国家赔偿”的情形单列，免予经济困难要件审查，一是基于再审改判案件的当事人往往在之前的审判程序中已经耗费很长时间和大量精力，其人身权和财产权都受到不同程度的损害；二是基于再审改判无罪的“纠错性”，以更好地彰显公平正义，尽快实现救济、保障人权。

（四）遭受虐待、遗弃或者家庭暴力的受害人主张相关权益

《民法典》第 1042 条规定了“禁止家庭暴力”和“禁止家庭成员间的虐待和遗弃”；《刑法》第 260 条、第 261 条分别规定了虐待罪、遗弃罪；《反家庭暴力法》第 2 条规定：“本法所称家庭暴力，是指家庭成员之间以殴打、捆绑、残害、限制人身自由以及经常性谩骂、恐吓等方式实施的身体、精神等侵害行为。”第 19 条规定：“法律援助机构应当依法为家庭暴力受害人提供法律援助。人民法院应当依法对家庭暴力受害人缓收、减收或者免收诉讼费用。”第 37 条规定：“家庭成员以外共同生活的人之间实施的暴力行为，参照本法规定执行。”

遭受虐待、遗弃或者家庭暴力的受害人是自我保护能力较弱的特殊群体，他们在身心上都遭受了伤害，不应受限于经济困难这个获取法律援助的一般前提，否则会让这部分人被排除在法律援助救济制度之外而难以得到帮助，因此本条规定体现了法律的人道主义关怀以及对特殊弱势群体的特别保护。

（五）法律、法规、规章规定的其他情形

其他法律、法规、规章也可根据实际情况，规定不受经济条件困难限制的其他案件范围，以更好地维护人民群众的合法权益。例如，2015 年《法律援助制度意见》原则性地提出，应当简化审查程序，对城乡低保对象、特困供养人员等正在接受社会救助的对象和无固定生活来源的残疾人、老年人等特定群体，以及申请支付劳动报酬、工伤赔偿的农民工，免除经济困难审查。

2013 年 3 月 1 日施行的《刑事诉讼法律援助工作规定》第 2 条规定："犯罪嫌疑人、被告人因经济困难没有委托辩护人的，本人及其近亲属可以向办理案件的公安机关、人民检察院、人民法院所在地同级司法行政机关所属法律援助机构申请法律援助。具有下列情形之一，犯罪嫌疑人、被告人没有委托辩护人的，可以依照前款规定申请法律援助：（一）有证据证明犯罪嫌疑人、被告人属于一级或者二级智力残疾的；（二）共同犯罪案件中，其他犯罪嫌疑人、被告人已委托辩护人的；（三）人民检察院抗诉的；（四）案件具有重大社会影响的。"

2017 年 8 月 1 日起施行的《南京市法律援助条例》第 14 条第 1 款规定："下列人员申请法律援助的，不受经济困难标准的限制，但应当提交相关证件或者证明：（一）义务兵、军队院校供给制学员及其近亲属；（二）执行作战、重大非战争军事行动任务的军人及其近亲属；（三）因公致残的军人及其近亲属、牺牲军人的近亲属；（四）因公致残的人民警察及其近亲属、牺牲人民警察的近亲属；（五）烈士的近亲属；（六）因实施见义勇为行为致使自身合法权益受到损害的公民；（七）国家和省规定的其他人员。"

（胡敏慧　撰写）

第三十三条　【申诉、再审案件法律援助】当事人不服司法机关生效裁判或者决定提出申诉或者申请再审，人民法院决定、裁定再审或者人民检察院提出抗诉，因经济困难没有委托辩护人或者诉讼代理人的，本人及其近亲属可以向法律援助机构申请法律援助。

【立法背景】

本条是关于申诉、再审案件法律援助适用范围与申请主体的规定。为贯彻落实《中共中央关于全面推进依法治国若干重大问题的决定》中“落实终审和诉讼终结制度，实行诉访分离，保障当事人依法行使申诉权利。对不服司法机关生效裁判、决定的申诉，逐步实行由律师代理制度。对聘不起律师的申诉人，纳入法律援助范围”的精神，保障当事人依法行使申诉权利，更好发挥法律专业力量化解申诉纠纷，维护司法公平正义，充分发挥律师和法律援助在社会矛盾化解工作中的积极作用，《法律援助制度意见》提出扩大法律援助范围，尤其扩大民事、行政法律援助覆盖面，探索建立法律援助参与申诉案件代理制度，开展试点，逐步将不服司法机关生效民事和行政裁判、决定，聘不起律师的申诉人纳入法律援助范围。

【条文解读与法律适用】

通常情况下，法律援助针对的诉讼案件主要是一审、二审程序案件，随着法律援助工作的开展，同时也为了更好地保障人民群众的合法权益，强调逐步将申诉案件和再审案件纳入法律援助范围。本条规定了申诉、再审案件法律援助适用范围与申请主体，应当从以下几个方面理解。

一、关于当事人的理解问题

相较于本章的其他条文，本条不是从案件诉求内容角度出发，而是从审判程序的角度对申请法律援助的范围与主体条件所作的规定。因此，本条规定涵盖了刑事、民事、行政等各领域的再审案件。鉴于申诉、再审案件本身数量相对少，且程序性规定不涉及不同部门法实体性内容的差异，故没有采取本法第 25 条、第 31 条的体例，即将法律援助申请人依据再审案件的具体类型区分为刑事案件的犯罪嫌疑人、被告人以及民事、行政案件的当事人进行分别规定，也有利于从更广泛的角度保护个人合法权益。因此，本条所指“当事人”应当依据不同案件类型理解，刑事申诉案件的当事人包括被害人、自诉人、原审被告人，刑事附带民事诉讼案件的当事人包括原告人、被告人；民事申诉案件的当事人包括原告、被告；行政申诉案件的当事人包括原告、被告。

二、关于再审案件法律援助的适用范围

根据《刑事诉讼法》《民事诉讼法》《行政诉讼法》的规定，再审案件的启动分为三种情形：第一，当事人向人民法院申请再审，人民法院决定再审；或者当事人向人民检察院申请抗诉，人民检察院提出抗诉，人民法院进行再审。第二，人民法院发现需要再审的情形的，依法启动再审程序。第三，人民检察院主动提起抗诉，人民法院依法进行再审。本条规定中的再审情形仅限于第一种当事人主动申请启动再审的情形，是指人民法院根据当事人的申请决定、裁定再审，以及人民检察院根据当事人的申请提出抗诉，人民法院根据该抗诉依法决定再审的案件。也就是说，申诉、再审案件申请法律援助的，必须是当事人主动申请触发再审程序的案件。

三、关于再审案件法律援助申请主体与适用前提条件

（一）申请主体

本人及其近亲属可以向法律援助机构申请法律援助。许多再审案件的当事人，特别是刑事再审案件的当事人，由于被限制人身自由等原因，不便于自行申请再审，而是委托近亲属办理申请再审的相关手续。本条将近亲属作为法律援助案件的申请人，为当事人获得法律援助提供了便利。值得注意的是，不同法律对于近亲属的范围界定略有差异。根据《刑事诉讼法》第 108 条第 6 项，近亲属是指夫、妻、父、母、子、女、同胞兄弟姊妹。根据《民法典》第 1045 条第 1 款、第 2 款规定，亲属包括配偶、血亲和姻亲。配偶、父母、子女、兄弟姐妹、祖父母、外祖父母、孙子女、外孙子女为近亲属。根据《最高人民法院关于适用〈中华人民共和国民事诉讼法〉的解释》第 85 条，与当事人有夫妻、直系血亲、三代以内旁系血亲、近姻亲关系以及

其他有抚养、赡养关系的亲属，可以当事人近亲属的名义作为诉讼代理人。可见，关于近亲属的范围，相关实体法和程序法给予了不同界定。为此，在适用本法时，应当按照最有利于当事人原则，体现“应援尽援”的立法精神。具体来讲，法律援助类纠纷可通过诉讼方式和非诉讼方式两种途径化解。《民法典》既是“社会生活的百科全书”，也是公民权利保障的宣言书，对于未进入诉讼阶段的法律援助案件，应当适用《民法典》关于近亲属的有关规定。对于进入诉讼程序的法律援助案件，应当根据法律援助案件具体类型，适用相应实体法或程序法的规定。

（二）适用前提条件

“因经济困难没有委托辩护人或者诉讼代理人”是申请法律援助的前提条件，根据本法第 34 条的规定，经济困难的标准，由省、自治区、直辖市人民政府根据本行政区域经济发展状况和法律援助工作需要确定，并实行动态调整。

（胡敏慧　撰写）

第三十四条　【经济困难标准】 经济困难的标准，由省、自治区、直辖市人民政府根据本行政区域经济发展状况和法律援助工作需要确定，并实行动态调整。

【立法背景】

法律援助的对象主要是经济困难的当事人，经济困难标准也就是衡量当事人经济状况是否符合经济困难的指标。2015 年《法律援助制度意见》提出，应当综合法律援助资源状况、公民法律援助需求等因素，进一步放宽经济困难标准，降低法律援助门槛，使法律援助覆盖人群逐步拓展至低收入群体，惠及更多困难群众……建立法律援助补充事项范围和经济困难标准动态调整机制，各省（自治区、直辖市）要根据本行政区域经济发展状况和法律援助工作需要，及时审查、调整补充事项范围和经济困难标准，促进法律援助事业与经济社会协调发展。2020 年 1 月 10 日，中共中央发布实施的《法治中国建设规划（2020—2025 年）》指出，“紧紧围绕人民日益增长的美好生活需要加强公共法律服务，加快整合律师、公证、调解、仲裁、法律援助、司法鉴定等公共法律服务资源，到 2022 年基本形成覆盖城乡、便捷高效、均等普惠的现代公共法律服务体系”，“深化法律援助制度改革，扩大法律援助覆盖面”。

【条文解读与法律适用】

1. 省、自治区、直辖市人民政府是确定经济困难标准的责任主体。从我国当前相关法律法规来看，全国对于经济困难的标准没有统一的规定。我国社会主要矛盾已经转化为人民日益增长的美好生活需要和不平衡不充分的发展之间的矛盾，在全国各地经济社会发展存在不平衡的情况下，制定全国统一的经济困难标准既不现实也不合理。因此，本法并未对申请人的经济困难标准作统一规定，而是授权省、自治区、直辖市的人民政府根据本行政区域内的经济发展状况和法律援助工作的需要确定。一方面，充分保障人民群众对法律援助服务的实际需要；另一方面，也考虑地方财政情况、经济发展状况等因素，对经济困难标准进行调整，以适应社会的发展变化，确保法律援助工作同经济、社会发展情况相协调。此外，《刑事诉讼法律援助工作规定》第 4 条规定，“公民经济困难的标准，按案件受理地所在的省、自治区、直辖市人民政府的规定执行”，本条与其保持一致并将其法律化。省、自治区、直辖市人民政府应当按照本法的规定，确定并动态调整本地法律援助当事人经济困难的标准，从而保障法律援助工作正常开展。

2. 根据经济发展状况和法律援助工作需要确定经济困难标准。制定经济困难标准既要考虑本地财政承受能力，也要兼顾本地法律援助案件的现实需求。经济发展状况基本决定了本行政区域可以用于法律援助工作的费用额度，并且各地对于法律服务需求量不同、法律援助案件的数量不同，将这些因素纳入考虑范围，有利于避免因经济困难标准不科学的原因而将合理的需求排除在外。

《法律援助条例》第 13 条规定，“本条例所称公民经济困难的标准，由省、自治区、直辖市人民政府根据本行政区域经济发展状况和法律援助事业的需要规定。申请人住所地的经济困难标准与受理申请的法律援助机构所在地的经济困难标准不一致的，按照受理申请的法律援助机构所在地的经济困难标准执行”。本条将第 2 款删除，并将第 1 款中“法律援助事业的需要”修改为“法律援助工作需要”，更加贴近法律援助工作实际、体现法律援助工作的服务性和具体性。

此外，规定由省、自治区、直辖市人民政府确定经济困难标准，并不意味着在省、自治区、直辖市内各行政区域实行完全一致的标准。同省内各区域之间也存在经济发展状况不平衡的问题，在经济困难标准上也可以存在差异。

3. 关于实行动态调整的理解。2015 年《法律援助制度意见》中出现两次“动态调整”的表述，一是在“完善经费保障体制”中提出“建立动态调整机制，根据律师承办案件成本、基本劳务费用等因素及时调整补贴标准。鼓励社会对法律援助活动提供捐助，充分发挥法律援助基金会的资金募集作用”。二是在“加强组织领导”中提出“建立法律援助补充事项范围和经济困难标准动态调整机制，各省（自治区、直辖市）要根据本行政区域经济发展状况和法律援助工作需要，及时审查、调整补充事项范围和经济困难标准，促进法律援助事业与经济社会协调发展”。这主要是考虑到补贴标准因律师承办案件成本或劳务费用等不确定因素处于变动之中，法律援助补充事项范围和经济困难标准也随着经济发展水平的提高和法律援助服务需求量的增减而处于不确定的状态，如果采用绝对值、“一刀切”的方法规定标准，显然不合理，立法滞后性的弊端亦会愈加突显。为避免这一不足并进一步促进法律援助事业与经济社会协调发展，本条中所指“动态调整”一脉相承地将《法律援助制度意见》中探索的实践经验进行了法律确认。

实践中，经济困难标准的规定主要分为三种方式。北京市采取的是低收入家庭标准。大部分地区以最低生活保障标准或最低工资标准为参照，如河北省、内蒙古自治区、吉林省、上海市、江苏省、浙江省、安徽省、福建省、江西省、山东省、河南省、湖北省、重庆市、贵州省、云南省、陕西省、青海省、宁夏回族自治区。其中，内蒙古自治区和上海市在规定了最低生活保障标准的基础上，更加明确了经济困难标准的可支配收入数值，使得标准更加具体化，但该收入数值也应当是随着地区经济发展而变化的。其他地区采取“列举+兜底”式标准认定经济困难情况，如天津市、陕西省、辽宁省、黑龙江省、湖南省、广东省、广西壮族自治区、海南省、四川省、甘肃省、新疆维吾尔自治区。

表 1　各省、自治区、直辖市对法律援助经济困难认定标准的规定

省、自治区、直辖市	经济困难认定标准	条文依据
北京	公民申请法律援助的经济困难条件，按照国家和本市低收入家庭认定标准执行。	2009 年 3 月 1 日《北京市法律援助条例》第 10 条
天津	（一）领取最低生活保障金的；（二）社会福利机构中由政府供养的；（三）农村五保户；（四）因残疾、严重疾病、自然灾害或者其他原因造成经济困难，正在接受国家救济的；（五）经所在乡、镇人民政府或者街道办事处证明，实际生活水平低于市或者区、县人民政府规定的最低生活标准的。	2004 年 11 月 1 日《天津市法律援助若干规定》第 5 条

续表

省、自治区、直辖市	经济困难认定标准	条文依据
河北	公民经济困难的标准，按公民住所地县级人民政府规定的最低生活保障标准执行。申请人住所地与受理申请的法律援助机构所在地的经济困难标准不一致的，按照受理申请的法律援助机构所在地的经济困难标准执行。	2007年9月1日《河北省法律援助条例》第10条
山西	公民申请法律援助的经济困难标准，由设区的市人民政府按照不低于当地最低生活保障标准的二倍确定。 申请人住所地的经济困难标准与受理申请的法律援助机构所在地的经济困难标准不一致的，按照受理申请的法律援助机构所在地的经济困难标准执行。	2016年1月1日《山西省法律援助条例》第13条
内蒙古	城镇居民经济困难标准应以盟市、旗县（市、区）确定的最低生活保障标准为依据；农民家庭年人均收入在1350元以下、牧民家庭年人均收入在2000元以下，或农牧民家庭年人均收入未达到当地年人均收入的，一般视为经济困难。	2004年11月1日《内蒙古自治区人民政府关于贯彻〈法律援助条例〉加强法律援助工作的意见》
辽宁	（一）最低生活保障家庭的成员；（二）特困人员；（三）低收入家庭的成员；（四）在社会福利（救助）机构中由政府供养或者接受社会救助的人员；（五）作为政府扶贫对象并登记在册的农村贫困家庭的成员；（六）法律、法规、规章规定或者县以上人民政府确定的其他经济困难人员。	2017年3月1日《辽宁省法律援助条例》第8条
吉林	家庭人均收入未达到住所地或者经常居住地最低工资标准的公民和家庭人均收入未达到住所地或者经常居住地最低工资标准1.5倍的农民工、下岗失业人员、妇女、未成年人、老年人、残疾人、军人军属，申请法律援助且符合本条例规定的受理范围，法律援助机构应当给予法律援助。 省人民政府可以根据国家有关要求和本省经济发展状况以及法律援助事业的发展需要，对公民申请法律援助的经济困难标准予以调整。	2020年1月1日《吉林省法律援助条例》第12条

续表

省、自治区、直辖市	经济困难认定标准	条文依据
上海	法律援助对象经济困难的标准，应当高于本市最低生活保障标准的数额。具体标准，由市人民政府另行规定。	2020年5月15日《上海市法律援助若干规定》第6条
	本市申请法律援助的收入标准统一调整为：城乡居民家庭月人均可支配收入低于2480元。	2020年7月20日《上海市司法局关于调整本市法律援助对象经济困难标准的公告》
江苏	本条例所称公民经济困难的标准，按照当地人民政府规定的最低生活保障标准执行。 设区的市人民政府为扩大受援范围，可以根据本地区的实际情况调整公民获得法律援助的经济困难标准。	2005年12月1日《江苏省法律援助条例》第13条
浙江	经济困难的标准，由县级以上人民政府按家庭人均收入不低于当地最低工资标准确定。	2016年9月29日《浙江省法律援助条例》第8条
安徽	公民获得法律援助的经济困难标准，按照设区的市最低生活保障标准的两倍确定。 县级以上人民政府可以根据本行政区域的实际情况，扩大受援人范围，放宽公民获得法律援助的经济困难标准。	2017年1月1日《安徽省法律援助条例》第17条
福建	经济困难的标准参照所在地县级人民政府公布的城乡居民最低生活保障标准执行。	2010年9月30日《福建省法律援助条例》第10条
江西	公民申请法律援助的经济困难标准，由省人民政府司法行政部门会同财政、民政等有关部门，根据本省经济发展状况、城乡居民收入状况和法律援助工作的需要等因素提出，报省人民政府确定后公布实施。	2014年1月1日《江西省法律援助条例》第14条
	将公民申请法律援助经济困难标准统一调整为城乡居民最低生活保障标准的2倍，并逐步过渡到低收入标准或最低工资标准。	2016年6月28日《关于完善法律援助制度的实施意见》
山东	公民经济困难标准按照接受申请的法律援助机构所在县（市、区）城乡居民上一年度最低生活保障标准的两倍执行。	2015年4月1日《山东省法律援助条例》第8条

续表

省、自治区、直辖市	经济困难认定标准	条文依据
河南	经济困难标准参照法律援助实施地人民政府规定的最低生活保障标准执行。	2010年7月30日《河南省法律援助条例》第12条
湖北	公民经济困难的标准，按照受理申请的法律援助机构所在县（市、区）公布的城乡居民最低生活保障标准的1.5倍以内执行。	2020年6月3日《湖北省法律援助条例》第13条
湖南	本条例所称公民经济困难的标准，由省人民政府根据经济发展状况和法律援助事业的需要规定。	2011年10月1日《湖南省法律援助条例》第8条
湖南	（一）城镇居民领取最低生活保障金、失业保障金的人员；（二）农村居民领取最低生活保障金、享受“五保户”或“特困户”救济待遇的人员；（三）养老院、孤儿院等社会福利机构由政府供养的人员；（四）没有固定生活来源的残疾人；（五）企业的特困职工；（六）国家规定的优抚、安置人员；（七）接受政府其他救济、救助的人员；（八）因自然灾害等不可抗力造成生活困难的人员；（九）人民法院决定给予司法救助的人员；（十）其他有材料证明确属经济困难的人员。	2009年12月16日《湖南省司法厅关于扩大法律援助事项范围和调整经济困难标准的意见》
广东	省人民政府应当规定法律援助经济困难标准，并根据本省国民经济和社会发展、法律援助的资源和需求，以及公民支付法律服务费用的能力等因素适时进行调整。	2016年4月1日《广东省法律援助条例》第3条
广东	（一）申请人及其共同生活的家庭成员在申请日之前6个月的月人均可支配收入，低于受理申请的法律援助机构所在地地级以上市上一年度城镇居民月人均可支配收入的50%；（二）申请人及其共同生活的家庭成员在申请日之前6个月，因遭遇突发事件、意外伤害、重大疾病或者就读国内全日制中高等学校，导致家庭月人均消费性支出超过家庭月人均可支配收入，且申请人及其共同生活的家庭成员月人均可支配收入低于受理申请的法律援助机构所在地地级以上市上一年度城镇居民月人均可支配收入。	2020年1月1日《广东省申请法律援助经济困难公民认定办法》第3条

续表

省、自治区、直辖市	经济困难认定标准	条文依据
广西	(一)享受城乡居民最低生活保障或者实际生活水平低于当地最低生活保障标准的;(二)社会福利机构中由政府供养的;(三)享受农村五保户待遇的;(四)因残疾、严重疾病、自然灾害造成经济困难的;(五)自治区人民政府规定的其他情形。	2010年9月1日《广西壮族自治区法律援助条例》第8条
海南	(一)属于最低生活保障对象、农村五保供养对象、政府救助的特困户或者领取失业保险金人员的;(二)社会福利机构中由政府供养或者慈善机构出资供养的;(三)依靠政府或者单位给付抚恤金生活的;(四)因自然灾害、意外事件、家庭成员突发重大疾病等原因导致基本生活暂时出现严重困难,正在接受政府临时救助的;(五)流浪、乞讨人员正在接受救助管理机构救助的;(六)经住所地或者经常居住地乡镇人民政府、街道办事处或者村民委员会、居民委员会证明,家庭人均月收入低于市、县、自治县人民政府规定的最低生活保障标准150%的。	2014年5月1日《海南省法律援助规定》第13条
重庆	经济困难标准按照申请人户籍地、经常居住地或者受理申请的法律援助机构所在地的城乡居民最低生活保障标准的两倍以内执行。	2014年5月1日《重庆市法律援助条例》第17条
四川	法律援助经济困难标准由省人民政府根据省国民经济和社会发展、法律援助的资源和需求,以及公民支付法律服务费用的能力等因素制定,并逐步扩大范围,保障困难群众的基本权益。	2021年5月28日《四川省法律援助条例》第13条
	(一)城镇居民领取最低生活保障金的;(二)农村居民享受最低生活保障待遇的;(三)农村集体经济组织保吃、穿、住、医、葬的;(四)在养老院、孤儿院等社会福利机构内由政府供养的;(五)因自然灾害或其他不可抗力造成经济困难的;(六)参加我省企业基本养老保险,按最低养老金标准领取的退休、退职人员;(七)领取失业保险金的城镇失业人员。	2005年10月27日《四川省人民政府办公厅关于贯彻落实〈法律援助条例〉,确定公民经济困难标准的通知》

续表

省、自治区、直辖市	经济困难认定标准	条文依据
贵州	经济困难的标准按照当地人民政府公布的城乡居民最低生活保障、农村五保供养标准执行。	2019年3月29日《贵州省法律援助条例》第10条
云南	公民经济困难的标准，按照接受申请的法律援助机构所在县（市、区）城乡居民上一年度最低生活保障标准的1.5倍执行。	2010年7月1日《云南省法律援助条例》第9条
陕西	公民经济困难的标准参照当地人民政府规定的最低生活保障标准执行，法律援助机构根据当地经济情况可以适当扩大受援人的范围。	2008年10月1日《陕西省法律援助条例》第11条
甘肃	申请法律援助公民的经济困难标准由省司法行政部门会同财政、民政、人力资源和社会保障部门，根据各市（州）国民经济与社会发展现状、城乡居民收入状况和法律援助的供求等因素提出，报省人民政府确定后公布实施。	2011年10月1日《甘肃省法律援助条例》第7条
青海	经济困难的标准，参照省人民政府规定的最低生活保障标准执行。	2004年7月1日《青海省法律援助条例》第8条
宁夏	公民经济困难的标准，按照自治区城乡居民最低生活保障标准的二倍确定。	2017年9月28日《宁夏回族自治区法律援助条例》第9条
新疆	（一）领取最低生活保障金的；（二）五保户、贫困户以及因自然灾害或者其他原因造成生活困难接受生活救济的；（三）住所地或者经常居住地街道办事处、乡（镇）人民政府证明其家庭生活确实困难的。	2006年9月1日《新疆维吾尔自治区实施〈法律援助条例〉办法》第8条

值得注意的是，许多地区的规定已经能够体现出“动态调整”的立法内核，主要包括：第一，条文表述中直接规定了“动态调整”内容，如《吉林省法律援助条例》规定，“省人民政府可以根据国家有关要求和本省经济发展状况以及法律援助事业的发展需要，对公民申请法律援助的经济困难标准予以调整”；《江苏省法律援助条例》规定，“设区的市人民政府为扩大受援范

围，可以根据本地区的实际情况调整公民获得法律援助的经济困难标准”；《广东省法律援助条例》规定，“省人民政府应当规定法律援助经济困难标准，并根据本省国民经济和社会发展、法律援助的资源和需求，以及公民支付法律服务费用的能力等因素适时进行调整”。第二，通过概括式标准与委任性规范相结合的方式，授权政府机构对认定标准加以具体规定，也能够体现认定标准原则性与动态性的统一，如上海市、江西省、四川省、甘肃省。第三，选取参照标准的地区，例如以最低生活保障标准或最低工资标准作为参照，其参照系本身也是需要动态调整的，因此法律援助经济困难标准也会随之调整。

（胡敏慧　撰写）

第四章 程序与实施

本章概述

本章是关于法律援助程序与实施的规定。法律援助程序与实施是实现法律援助制度的主要环节和重要组成部分，是法律援助机构对符合法律援助条件的公民提供法律援助的过程，主要由法律援助机构及法律援助人员在遵守一系列法定程序前提下进行的一系列活动构成。本章共16条，内容涉及申请法律援助告知义务、刑事案件法律援助的指派要求、值班律师权利保障、法律援助管辖等方面。

第三十五条 【法律援助及时告知义务】人民法院、人民检察院、公安机关和有关部门在办理案件或者相关事务中，应当及时告知有关当事人有权依法申请法律援助。

【立法背景】

法律援助既是保障和改善民生重要举措的公共法律服务，也属于防范和化解纠纷机制的基层社会治理方案的内容。明确办案机关及时告知有关当事人有权依法申请法律援助的义务，可以让更多需要帮助的当事人知其权、受其益，也有利于提高办案机关履行法律服务职能的主动性，扩大公共法律服务覆盖面，让人民群众在正义的阳光下感受到社会主义制度带来的安全感与获得感。

【条文解读与法律适用】

1. 法律援助及时告知义务的主体。法律援助告知的义务主体范围比较广泛，并不局限于人民法院、人民检察院、公安机关等有关部门。实践中，法律援助告知的义务主体范围应当从有利于当事人出发，至少包括与法律援助工作相关联的各部门。如行政复议机关、看守所、监狱、监察委员会等涉及当事人申请法律援助事项的部门，均为法律援助及时告知义务主体。这些主体部门往往专业性强，对法律援助的事项相对熟悉、了解，并且在具体办理法律援助事项过程中与当事人接触较为紧密，对当事人的诉求、经济状况、法律义务类型等情况也比较了解，能够较为准确和便利地告知当事人申请法律援助的权利。

2. 在办理案件或者相关事务中告知。人民法院、人民检察院、公安机关和有关部门无论是在办理案件或者协助办理案件的过程中，还是在处理相关事务的过程中，只要遇到当事人具有法定或者依申请获得法律援助的权利、条件或资格，都应当及时告知当事人，不应当隐瞒，以促进当事人合法权益的实现。广泛的告知主体和告知时间的及时性要求，体现了本法对当事人合法权利全过程、全阶段的保障，也提高了办案机关行使法律服务职能的主动性和实效性，有效扩大了公共法律服务覆盖面。

3. 关于及时告知的理解。迟到的正义非正义。让符合条件的当事人及时获得法律援助，可以最大限度确保当事人的权益在案件中或者相关事务的各个环节中都能依法得到有效保护，因此本条不仅明确了义务主体的告知义务，更强调了告知应当及时。《刑事诉讼法律援助工作规定》第 5 条第 1 款至第 3 款明确了刑事案件中不同告知义务主体涉及法律援助权利告知的具体时间节点："公安机关、人民检察院在第一次讯问犯罪嫌疑人或者采取强制措施的时候，应当告知犯罪嫌疑人有权委托辩护人，并告知其如果符合本规定第二条规定，本人及其近亲属可以向法律援助机构申请法律援助。人民检察院自收到移送审查起诉的案件材料之日起 3 日内，应当告知犯罪嫌疑人有权委托辩护人，并告知其如果符合本规定第二条规定，本人及其近亲属可以向法律援助机构申请法律援助；应当告知被害人及其法定代理人或者近亲属有权委托诉讼代理人，并告知其如果经济困难，可以向法律援助机构申请法律援助。人民法院自受理案件之日起 3 日内，应当告知被告人有权委托辩护人，并告知其如果符合本规定第二条规定，本人及其近亲属可以向法律援助机构申请法律援助；应当告知自诉人及其法定代理人有权委托诉讼代理人，并告知其如果经济困难，可以向法律援助机构申请法律援助。人民法院决定再审的案件，应当自决定再审之日起 3 日内履行相关告知职责。"对于其他应当及时告知的情形，没有明确的日期要求的，有关部门应当结合具体事项性质以及程序特点，尽可能及时保护当事人申请法律援助的权利。同时，关于告知方式，《刑事诉讼法律援助工作规定》第 6 条规定："告知可以采取口头或者书面方式，告知的内容应当易于被告知人理解。口头告知的，应当制作笔录，由被告知人签名；书面告知的，应当将送达回执入卷。对于被告知人当场表达申请法律援助意愿的，应当记录在案。"

（胡敏慧　撰写）

第三十六条 【刑事案件法律援助的通知指派程序】 **人民法院、人民检察院、公安机关办理刑事案件，发现有本法第二十五条第一款、第二十八条规定情形的，应当在三日内通知法律援助机构指派律师。法律援助机构收到通知后，应当在三日内指派律师并通知人民法院、人民检察院、公安机关。**

【立法背景】

本条是关于刑事案件法律援助的通知指派程序的规定。本法颁布之前，有关人民法院、人民检察院、公安机关通知法律援助机构并指派律师的规定散见于《刑事诉讼法》第 35 条、第 278 条；《刑事案件律师辩护全覆盖试点工作办法》第 2 条、第 5 条；《人民检察院刑事诉讼规则》第 42 条、第 43 条；《刑事诉讼法律援助工作规定》第 9 条、第 12 条。以上规定对通知主体、通知时限等的规定不够完整，实践中经常需要相互参照适用，缺乏系统性和准确性，适用很不方便。本条将以上规定进行了整合和梳理，补齐了适用主体和通知主体并规定了通知时限，以法律的形式明确了人民法院、人民检察院、公安机关办理刑事案件中通知法律援助机构指派法律援助律师的义务。

【条文解读与法律适用】

1. 关于司法机关通知法律援助机构指派律师的情形。依据《刑事诉讼法》第 35 条和第 278 条的规定，刑事案件犯罪嫌疑人、被告人应当适用法律援助的情形有五种：因经济困难或者其他原因没有委托辩护人的；盲、聋、哑人没有委托辩护人的；尚未完全丧失辨认或者控制自己行为能力的精神病人没有委托辩护人的；可能被判处无期徒刑、死刑，没有委托辩护人的；未成年犯罪嫌疑人、被告人没有委托辩护人的。依据本法第 25 条，“刑事案件的犯罪嫌疑人、被告人属于下列人员之一，没有委托辩护人的，人民法院、人民检察院、公安机关应当通知法律援助机构指派律师担任辩护人：（一）未成年人；（二）视力、听力、言语残疾人；（三）不能完全辨认自己行为的成年人；（四）可能被判处无期徒刑、死刑的人；（五）申请法律援助的死刑复核案件被告人；（六）缺席审判案件的被告人；（七）法律法规规定的其他人员。其他适用普通程序审理的刑事案件，被告人没有委托辩护人的，人民法院可以通知法律援助机构指派律师担任辩护人”。依据本法第28条，“强制医疗案件的被申请人或者被告人没有委托诉讼代理人的，人民法院应当通知法律援助机构指派律师为其提供法律援助”。相较《刑事诉讼法》，本法规定体现了三个方面的改进：第一，增加了死刑复核案件被告人、缺席审判案件的被告人、强制医疗案件的被申请人或者被告人三大类，扩大了刑事案件法律援助适用对象的范围；第二，对于“盲、聋、哑人”更改为“视力、听力、言语残疾人”，表述更加准确、客观；第三，增加了兜底条款，预留了扩大法律援助覆盖面的立法空间，保障了刑事案件法律援助主体的全面性，尤其“其他适用普通程序审理的刑事案件，被告人没有委托辩护人的，人民法院可以通知法律援助机构指派律师担任辩护人”的规定，推动实现刑事案件律师辩护全覆盖。

2. 关于通知和指派的具体时限。《法律援助条例》第20条规定，“由人民法院指定辩护的案件，人民法院在开庭10日前将指定辩护通知书和起诉书副本或者判决书副本送交其所在地的法律援助机构”；第21条规定，“对人民法院指定辩护的案件，法律援助机构应当在开庭3日前将确定的承办人员名单回复作出指定的人民法院”。《人民检察院刑事诉讼规则》第42条规定，“人民检察院办理直接受理侦查案件和审查起诉案件，发现犯罪嫌疑人是盲、聋、哑人或者是尚未完全丧失辨认或者控制自己行为能力的精神病人，或者可能被判处无期徒刑、死刑，没有委托辩护人的，应当自发现之日起三日以内书面通知法律援助机构指派律师为其提供辩护”；《刑事诉讼法律援助工作规定》第9条规定，“公安机关、人民检察院、人民法院应当自发现该情形之日起3日内，通知所在地同级司法行政机关所属法律援助机构指派律师为其提供辩护”。

本条中对该时限作了修改，并且没有采用概括式的“及时通知”“及时指派”，而是规定了具体的“三日内”，一是《法律援助条例》规定的时间过于仓促，无法保障法律援助律师对案件进行充分了解，实践中如果时间稍加延误，就有可能造成对于当事人的法律援助流于形式，不利于实现有效辩护和保护当事人的诉权；二是“三日内”的规定在司法实践中已经存在，相关办案部门应当已经形成工作惯例和相应的工作节奏，继续沿用该期限更为妥当，这不仅提高了法律援助的工作效率，也为法律援助律师了解案情预留了充分的时间，以法律形式对此项工作进行了具体化、法定化，明确了人民法院、人民检察院、公安机关办理刑事案件时通知法律援助及指派法律援助律师的时效性要求，确保法律援助工作及时顺利开展。

（胡敏慧　撰写）

第三十七条　【值班律师的法律保障】人民法院、人民检察院、公安机关应当保障值班律师依法提供法律帮助，告知没有辩护人的犯罪嫌疑人、被告人有权约见值班律师，并依法为值班律师了解案件有关情况、阅卷、会见等提供便利。

【立法背景】

本条主要是关于人民法院、人民检察院、公安机关为值班律师提供法律保障的规定。保障值班律师权利，保障犯罪嫌疑人、被告人在刑事诉讼各个阶段都能获得及时有效的法律帮助，是在刑事审判领域落实习近平总书记“努力让人民群众在每一个司法案件中感受到公平正义”重要指示的具体措施。党的十九届六中全会通过的《中共中央关于党的百年奋斗重大成就和历史经验的决议》中明确强调：“党领导深化以司法责任制为重点的司法体制改革，推进政法领域全面深化改革，加强对执法司法活动的监督制约，开展政法队伍教育整顿，依法纠正冤错案件，严厉惩治执法司法腐败，确保执法司法公正廉洁高效权威。”值班律师制度随着以审判为中心的司法体制改革而逐渐完善，对于维护犯罪嫌疑人和被告人的合法权益、维护司法公正、促进社会公平正义具有重要意义。明确值班律师阅卷、会见等权利，有利于发现案件审理中的疑点，为被告人、犯罪嫌疑人提供有效的建议，推进庭审实质化，防止冤假错案。为此，本条在立法中明确保障值班律师在刑事诉讼的各个阶段中行使权利，发挥作用，提供建议和帮助。在提升司法人权保障，保护被告人、犯罪嫌疑人权利的同时，也有利于司法机关加强政法队伍教育整顿，坚持刀刃向内，做好自身监督，让每一起案件的办理经得起历史和人民的考验。

【条文解读与法律适用】

随着以审判为中心的诉讼制度改革、刑事速裁程序的发展以及认罪认罚从宽制度的推进，值班律师制度在我国得到了迅速发展。2003 年的《法律援助条例》尚未对值班律师制度进行规定，2018 年修正后的《刑事诉讼法》使值班律师制度得到正式确立。2019 年司法部印发的《全面深化司法行政改革纲要（2018—2022 年）》中明确要求“细化值班律师职责范围、权利保障、监督管理、工作保障措施”。2020 年最高人民法院、最高人民检察院、公安部、国家安全部、司法部联合印发《法律援助值班律师工作办法》，进一步完善了值班律师的工作机制。本条对值班律师法律保障的规定主要包括三方面的内容：一是对值班律师的法律保障的总括性的规定，规定了人民法院、人民检察院、公安机关应当保障值班律师的相应权利；二是规定了人民法院、人民检察院、公安机关的告知义务，应当告知没有辩护人的犯罪嫌疑人、被告人有权约见值班律师；三是对应当保障的值班律师的权利进行了具体的规定，主要是了解案件有关情况、阅卷、会见等。

在立法草案第二次审议过程中，有专家委员提出，在被告知的对象上，应当明确界定是“没有辩护人的被告人、犯罪嫌疑人”；同时明确人民法院、人民检察院、公安机关提供的便利应当包括“了解案件有关情况、阅卷、会见”等具体内容。最终立法采纳相关意见，本条在具体理解适用时应当注意结合《刑事诉讼法》《法律援助值班律师工作办法》以及本法中其他关于值班律师制度的规定。

1. 人民法院、人民检察院、公安机关应当依法保障值班律师行使职权。值班律师制度与刑事审判息息相关，在刑事审判中，为保障犯罪嫌疑人、被告人依法享有的诉讼权利，加强人权司法保障，本条规定了司法机关保障值班律师行使职权的法定责任。除了本条的规定之外，公安机关、人民检察院、人民法院应当根据《刑事诉讼法》第 36 条、《法律援助值班律师工作办法》第 4 条等规定，积极保障没有辩护人的被告人、犯罪嫌疑人获得值班律师帮助的权利。另外根据《法律援助制度意见》以及《关于适用认罪认罚从宽制度的指导意见》的相关规定，被告人、犯罪嫌疑人的近亲属提出法律帮助的请求时，司法机关也应当通知值班律师提供帮助。在办理认罪认罚案件时，应当注意保障犯罪嫌疑人、被告人获得有效法律帮助，确保其了解认罪认罚的性质和法律后果，自愿认罪认罚。值班律师开展工作的场所主要是人民法院、人民检察院和看守所，主要提供帮助的对象是刑事案件的被告人、犯罪嫌疑人，与人民法院、人民检察院、公安机关关系密切，因此相应的司法机关应当及时提供保障。

2. 人民法院、人民检察院、公安机关应及时告知没有辩护人的犯罪嫌疑人、被告人有权约见值班律师。人民法院、人民检察院、公安机关负有告知义务。对于应当告知的对象，本条限定为没有辩护人的被告人、犯罪嫌疑人，主要是为了保护当事人自行委托辩护的权利以及请求法律援助指定辩护的权利。值班律师的职责与辩护人不同，主要应当为没有辩护人的犯罪嫌疑人、被告人提供法律帮助，是一种特殊的法律援助形式，与法律援助律师提供的全面刑事辩护服务存在区别。这样的定位也符合目前我国刑事诉讼制度以及认罪认罚从宽制度的相关规定。根据《刑事诉讼法》第 33 条、第 35 条的规定，犯罪嫌疑人、被告人有权自行委托辩护人；因经济困难或其他原因没有委托辩护人的，可以申请法律援助指定辩护人。但实践中并非所有被告人都符合指定辩护的条件，此时办案机关应当及时告知被告人、犯罪嫌疑人，可以从值班律师处获得法律帮助，有利于弥补我国刑事辩护领域法律援助的不足。本条在适用时既要注重为没有辩护人的被告人、犯罪嫌疑人及时提供值班律师的帮助，也要注重保障被告人、犯罪嫌疑人的委托辩护权。

在告知的时间、方式等具体问题上，本条并未明确规定，仅规定了负有告知义务的主体为公安机关、人民检察院、人民法院，此部分应参考《法律援助值班律师工作办法》第 12 条至第 20 条的相关规定。其中除了对人民法院、人民检察院、公安机关在告知时应当履行的义务和责任外，对看守所、司法行政机关、值班律师的工作程序也作了详细规定。例如，司法机关应当在侦查、审查起诉和审判各阶段分别告知没有辩护人的犯罪嫌疑人、被告人有权约见值班律师获得法律帮助。被告人申请值班律师帮助的方式，既可以口头，也可以书面。看守所应当将值班律师制度相关内容纳入在押人员权利义务告知书。对于应当通知值班律师帮助而被告人、犯罪嫌疑人明确拒绝的，办案机关应当记录在案。即便是在前一程序拒绝值班律师帮助的，后一阶段办案机关仍需告知其权利并记录在案。同时办案机关和司法行政机关以及法律援助机构为较好履行义务，在送达、通知手续等方面可以协商简化。办案机关在落实本法本条规定时，应当结合《法律援助值班律师工作办法》相关规定准确适用。

3. 人民法院、人民检察院、公安机关应当为值班律师提供便利。本条明确规定了办案机关应当为值班律师阅卷、会见、了解案件情况提供便利。需要注意的是，本条规定的了解案件的情况、阅卷权、会见权是本法明确规定的最基本的权利，公安机关、人民检察院、人民法院都应当依法保障。在2021年《刑诉法解释》第53条中，也规定了人民法院应当依法保障值班律师适用和辩护人相同的查阅、摘抄、复制案卷材料权利。而为值班律师更好行使权利发挥作用，公安机关、人民检察院、人民法院在能力所及的情况下，可以参照《法律援助值班律师工作办法》第四章“值班律师工作保障”的相关内容，尽量为值班律师工作提供便利。例如，为推进和完善认罪认罚制度，有条件的人民检察院、人民法院可以设置认罪认罚等案件专门办公区域，为值班律师设立专门会见室。司法行政机关会同公安机关、人民检察院、人民法院建立值班律师工作会商机制，明确联系人，及时沟通协调相关问题。为值班律师提供电子阅卷等保障措施等。

最后，司法机关应当保障充分发挥值班律师在以审判为中心的刑事诉讼制度改革和认罪认罚从宽制度改革试点中的职能作用。《刑事诉讼法》第173条第3款也规定，人民检察院依照前两款在认罪认罚案件中听取值班律师意见的，应当提前为值班律师了解案件有关情况提供必要的便利。认罪认罚案件不同于不认罪认罚案件，被告人适用认罪认罚后，其对于法律帮助的需求将更加明显。值班律师制度在认罪认罚案件中对于保障犯罪嫌疑人、被告人平等、及时获得律师帮助，凸显我国人权司法保障具有积极的推动作用。

（吴晓蓉、赵铖柯　撰写）

第三十八条　【法律援助的管辖】对诉讼事项的法律援助，由申请人向办案机关所在地的法律援助机构提出申请；对非诉讼事项的法律援助，由申请人向争议处理机关所在地或者事由发生地的法律援助机构提出申请。

【立法背景】

本条是关于法律援助管辖的规定。完善法律援助制度，尤其是完善法律援助申请、管辖等涉及群众切身利益的相关制度，是践行习近平法治思想，推动法治进步与社会发展，为人民群众安居乐业提供法律保障的重要举措。

我国人口众多，法律服务需求多样，习近平总书记在2019年中央政法工作会议上强调："要深化公共法律服务体系建设，加快整合律师、公证、司法鉴定、仲裁、司法所、人民调解等法律服务资源，尽快建成覆盖全业务、全时空的法律服务网络。"① 2020年11月16日，习近平总书记在中央全面依法治国工作会议上再次提到："要完善预防性法律制度，坚持和发展新时代'枫桥经验'，促进社会和谐稳定。"② 我国目前法律服务资源形式多样，内容丰富，针对不同的矛盾纠纷，应提供合适的法律服务方式。为此，本条在规定上将法律援助管辖分为诉讼和非诉讼事项。在扩大法律援助范围的基础上，简化管辖的规定，更便于人民群众针对具体事项及时方便提出法律援助申请，有利于解决人民群众对公平正义、民主法治的需要与社会提供的法律服务不充分、不平衡的问题。

【条文解读与法律适用】

法律援助的管辖，对申请人而言是要解决向何处的法律援助机构提出申请的问题。我国法律援助制度作为公共法律服务体系的一部分，其范围相对

---

① 习近平：《全面深入做好新时代政法各项工作 促进社会公平正义保障人民安居乐业》，载《人民日报》2019年1月17日，第1版。

② 《习近平在中央全面依法治国工作会议上强调 坚定不移走中国特色社会主义法治道路 为全面建设社会主义现代化国家提供有力法治保障》，载《人民日报》2020年11月18日，第1版。

广泛，本法在第三章概括了法律援助的形式和范围，既包括刑事、民事、行政等诉讼的法律援助，也包括法律咨询、调解、代拟法律文书等非诉讼事项。本法第 2 条也指出，法律援助是无偿提供法律咨询、代理、刑事辩护等法律服务的制度，是公共法律服务体系的组成部分。我国法律援助具有社会保障属性和司法人权保障属性，是一项综合性的法律服务和法律保障制度。

在《法律援助条例》第 14 条、第 15 条，《办理法律援助案件程序规定》第 8 条中都规定了具体法律援助事项的管辖规定。之前的立法多采取列举具体法律援助事项，对应不同的管辖方式，本条规定与之前不同，采取诉讼事项和非诉讼事项分类的概括性管辖方式，在最终立法上选择了办案机关所在地、争议机关所在地、事由发生地三个连接点。以办案机关或者争议机关所在地确定管辖，一方面有利于法律援助申请人清晰明了确定法律援助机构，另一方面也有利于加强各机关之间沟通，申请人就地提出申请，就近解决问题，提高法律援助工作的效率。

本条在具体适用时，针对诉讼事项的法律援助，包括刑事、民事、行政诉讼的法律援助，申请人应当向对应的办案机关所在地申请；对于非诉讼事项的法律援助，包括法律咨询、代写文书、调解等，申请人应向争议处理机关所在地或者事由发生地申请。在适用时，应当根据具体的法律援助事项的不同，确定不同的管辖机构。

1. 诉讼事项的法律援助，应当由办案机关所在地法律援助机构管辖。本条所称的诉讼事项，主要包括刑事诉讼、民事诉讼与行政诉讼等。根据不同的诉讼类型，在不同的诉讼法中规定了具体的地域管辖方式。对于刑事诉讼而言，应当依照《刑事诉讼法》第二章有关管辖的规定确认。需要注意的是，刑事案件涉及公安机关、人民检察院、人民法院等机关，涉及侦查、起诉、审判等阶段。在不同的案件办理阶段，涉及的办案机关也有所不同，申请人应当向具体的办案机关所在地同级的司法行政机构或者法律援助机构提出申请。刑事案件可能会涉及指定管辖等管辖权改变的情况，申请人如果在上一阶段未申请法律援助，在下一阶段依然可以向对应的办案机关所在地的法律援助机构申请法律援助。

对于民事、行政诉讼事项，如果案件已经立案的，申请人应当向办理案件的法院机关所在地的法律援助机构提出。如果民事诉讼案件尚未立案，申请人应根据《民事诉讼法》第二章有关管辖的内容，确定不同类型民事案件的管辖规定。行政诉讼案件未立案的，应当依照《行政诉讼法》第三章的规定，确定案件的办理机关，向办理机关所在地的法律援助机构提出申请。

2. 对非诉讼事项的法律援助，由申请人向争议处理机关所在地或者事由发生地的法律援助机构提出申请。非诉讼事项的范围，本法并未明确规定，仅在第 22 条列举了部分非诉讼事项的法律援助，其中包括法律咨询、代拟法律文书、劳动争议调解等。需要注意的是，民事、行政、国家赔偿类案件，也可能包括部分非诉讼事项。例如申请刑事、行政案件的国家赔偿，协助劳动争议、民事纠纷的调解等。立法过程中有代表提出，应当扩大民事、行政案件法律援助服务的范围，不限于诉讼代理的范畴。本法第 22 条第 7 项也规定了兜底条款，包括法律、法规、规章规定的其他形式。实践中，非诉讼事项相对广泛，法律援助作为公共法律援助服务体系的组成部分，本法并未对其范围作出明确限定。目前在各个地方性立法中，也可以根据各地方条件的不同，结合地方实际提供多样化的非诉讼类法律援助，扩大法律援助的覆盖面，满足人民群众迫切需要的多方面法律服务需求。也正是考虑到非诉讼事项的多样性，本条规定除了向争议处理机关所在地提出申请外，还可以向事由发生地的法律援助机构提出申请，方便法律援助的申请人就地提出申请。

另外，相关管辖冲突的问题，本条并未明确规定，应结合其他相关法律规定理解适用。当申请人就同一个事项同时向两个以上法律援助机构提出申请时，根据《办理法律援助案件程序规定》第 8 条的规定，由最先收到申请的法律援助机构受理。

（吴晓蓉、赵铖柯　撰写）

第三十九条 【转交法律援助申请的程序】被羁押的犯罪嫌疑人、被告人、服刑人员，以及强制隔离戒毒人员等提出法律援助申请的，办案机关、监管场所应当在二十四小时内将申请转交法律援助机构。

犯罪嫌疑人、被告人通过值班律师提出代理、刑事辩护等法律援助申请的，值班律师应当在二十四小时内将申请转交法律援助机构。

【立法背景】

本条是关于转交法律援助申请程序的规定。《中共中央关于全面推进依法治国若干重大问题的决定》中明确提出："加强人权司法保障。强化诉讼过程中当事人和其他诉讼参与人的知情权、陈述权、辩护辩论权、申请权、申诉权的制度保障……完善对限制人身自由司法措施和侦查手段的司法监督，加强对刑讯逼供和非法取证的源头预防，健全冤假错案有效防范、及时纠正机制。"2019 年 5 月 7 日，习近平总书记在全国公安工作会议上也指出："要严格规范公正文明执法，把打击犯罪同保障人权、追求效率同实现公正、执法目的同执法形式有机统一起来，努力实现最佳的法律效果、政治效果、社会效果。"① 新时代的司法人权保障不仅是全面推进依法治国的重要内容，也是法律援助制度全面深入发展的重要目标。在刑事司法实践中，被羁押人员的人权保障和申请法律援助的权利更是司法人权保障的重点内容。由于被羁押人员的人身自由受到限制，其申请法律援助的权利尤其应当受到重视。本条的规定体现了立法过程中保障人权、追求效率与注重公平正义并重的立法精神，有利于从源头防止冤假错案，完善司法监督。

【条文解读与法律适用】

本条第 1 款是关于办案机关、监管场所为被羁押人员转交法律援助申请

① 习近平：《坚持政治建警改革强警科技兴警从严治警 履行好党和人民赋予的新时代职责使命》，载《人民日报》2019 年 5 月 9 日，第 1 版。

的规定。第 2 款是关于值班律师为刑事案件中犯罪嫌疑人、被告人转交法律援助申请的规定。在《法律援助条例》第 15 条中，仅规定了被羁押的犯罪嫌疑人的申请由看守所在 24 小时内转交法律援助机构，不涉及办案机关、值班律师的义务责任。在《办理法律援助案件程序规定》中，申请法律援助的主体范围就有所扩大，其第 11 条规定："被羁押的犯罪嫌疑人、被告人、服刑人员，劳动教养人员、强制隔离戒毒人员申请法律援助的，可以通过办理案件的人民法院、人民检察院、公安机关或者所在监狱、看守所、劳动教养管理所、强制隔离戒毒所转交申请。"本法吸收了之前立法的有益经验，将申请的主体范围扩大为犯罪嫌疑人、被告人、服刑人员，以及强制隔离戒毒人员。随着申请主体的扩大，负有及时转交义务的主体也扩大为办案机关和监管场所。在及时转交的时限上也明确为 24 小时。同时为了较好发挥值班律师在刑事案件中提供法律服务的作用，本条第 2 款新规定了值班律师的转交程序。被告人、犯罪嫌疑人通过值班律师提出代理、刑事辩护申请的，值班律师也应当在 24 小时之内转交法律援助机构。

经审议，本法最终规定转交时限为 24 小时。此规定也与《法律援助条例》第 15 条、《人民检察院刑事诉讼规则》第 43 条、《刑事诉讼法律援助工作规定》第 7 条规定的时限保持了一致，办案机关、监管场所均应在规定的 24 小时内及时转交。本条在适用时应当注意转交主体，值班律师的义务职责以及时限的规定。

1. 法律援助的申请主体与转交申请的主体。本条第 1 款的规定扩大了申请法律援助的被羁押人员的主体范围，从《法律援助条例》中规定的被告人、犯罪嫌疑人扩大为犯罪嫌疑人、被告人、服刑人员，以及强制隔离戒毒人员等。需要注意的是，《刑事诉讼法》第 39 条是一般性的刑事诉讼中被告人、犯罪嫌疑人申请法律援助的规定，本条是被羁押的被告人、犯罪嫌疑人及其他被羁押主体申请法律援助的特殊性规定。

羁押是一项强制性剥夺人身自由的措施，被羁押人员失去人身自由时自行申请法律援助存在困难，需要办案机关、值班律师以及监管场所及时予以协助。在刑事诉讼中，办案阶段包括侦查、起诉、审判，办案机关包括公安机关、人民检察院、人民法院以及相应的监管场所，在不同的诉讼阶段，对应的办案机关都应当依法及时转交法律援助的申请。服刑人员可以通过监狱等监管场所要求及时转交法律援助申请。根据《禁毒法》第 38 条、第 40 条的规定，强制隔离戒毒人员，指的是具有某些法律规定的情形，被县级以上人民政府公安机关作出强制隔离戒毒决定的人员，以及吸毒成瘾、自愿接受强制隔离戒毒的，经公安机关同意进入强制隔离戒毒场所的人员。被决定实施强制隔离戒毒的人对公安机关作出的强制隔离戒毒决定不服的，可以依法申请行政复议或者提起行政诉讼。被羁押的强制隔离戒毒人员需要申请法律援助的，可以请求公安机关或者强制隔离戒毒场所及时转交，公安机关及强制隔离戒毒场所应当在 24 小时之内转交。

2. 值班律师的转交义务。本条第 2 款规定了犯罪嫌疑人、被告人向值班律师提出代理、刑事辩护等法律援助申请的，值班律师应当在 24 小时之内将申请转交法律援助机构。值班律师制度在刑事辩护中发挥着重要作用，是被告人、犯罪嫌疑人可以较为方便和及时获得法律援助的形式。《法律援助值班律师工作办法》第 6 条规定，值班律师帮助犯罪嫌疑人、被告人及其近亲属申请法律援助。由值班律师转交法律援助申请，可以提高效率，节约司法成本。需要注意的是，根据本条第 2 款的规定，申请法律援助的主体仅限于刑事案件中的被告人、犯罪嫌疑人，且不再要求处于被羁押状态，与本条第 1 款规定的申请主体存在区别。同时，根据本法第 30 条的规定，值班律师的职责主要是提供法律帮助，是法律援助服务的一部分，值班律师不能取代刑事诉讼中辩护人的作用。因此本条第 2 款要求被告人、犯罪嫌疑人提出法律援助申请的事由必须是代理、刑事辩护等，在这种情况下才要求值班律师 24 小时内将申请转交法律援助机构。值班律师对于辩护、代理申请的转交，也有利于法律援助机构从提供部分性的法律帮助、法律服务过渡到提供较为完整的法律援助。

最后，为及时保障申请人获得法律援助的权利，提高法律援助的效率，本条规定转交主体应当在 24 小时之内及时转交法律援助机构。另外，结合本法第 40 条代理申请的规定，本条中被羁押人员也可以由其近亲属代为提出法律援助申请，相关办案机关、监管场所、值班律师也应及时转交。

（吴晓蓉、赵铖柯　撰写）

第四十条　【代为提出法律援助申请】无民事行为能力人或者限制民事行为能力人需要法律援助的，可以由其法定代理人代为提出申请。法定代理人侵犯无民事行为能力人、限制民事行为能力人合法权益的，其他法定代理人或者近亲属可以代为提出法律援助申请。

被羁押的犯罪嫌疑人、被告人、服刑人员，以及强制隔离戒毒人员，可以由其法定代理人或者近亲属代为提出法律援助申请。

【立法背景】

本条是关于代为提出法律援助申请的规定。《中共中央关于全面推进依法治国若干重大问题的决定》中要求“健全司法救助体系，保证人民群众在遇到法律问题或者权利受到侵害时获得及时有效法律帮助”。实践中，未成年人、失能老人等群体的权益受到侵害，却无法获得有效的法律帮助的现象时有发生。2021 年 7 月 1 日，习近平总书记在庆祝中国共产党成立 100 周年大会上的讲话中也明确指出：“站稳人民立场，贯彻党的群众路线，尊重人民首创精神，践行以人民为中心的发展思想，发展全过程民主，维护社会公平正义，着力解决发展不平衡不充分问题和人民群众急难愁盼问题。”① 为特定人群及时提供法律援助，更能体现出一个国家和民族的法律温度。为此，本条对于无民事行为能力人、限制民事行为能力人代为提出法律援助申请作出规定，扩大了代为提出法律援助申请的主体范围，赋予了近亲属代为申请的权利，可以更好地贯彻落实保障人民权益，解决人民群众“急难愁盼”的关键问题，提升人民群众获得感、幸福感和安全感。

【条文解读与法律适用】

本条第 1 款主要是关于无民事行为能力人与限制民事行为能力人可以由

① 习近平：《在庆祝中国共产党成立 100 周年大会上的讲话》，载《人民日报》2021 年 7 月 2 日，第 2 版。

其法定代理人代为提出法律援助申请的规定。法定代理人与申请人存在利益冲突时，其他法定代理人或近亲属可以代为提出。该部分内容来源于《法律援助条例》第 16 条的规定，仅在有关利益冲突、代理人范围的部分用语上发生了改变，例如《法律援助条例》规定申请人与代理人之间“发生诉讼或者因其他利益纠纷需要法律援助的”，可以由“与该事项无利害关系的其他法定代理人”提出申请。

考虑到实践中复杂的情况，为更好保护无民事行为能力人和限制民事行为能力人的合法权益，本条规定为“法定代理人侵犯无民事行为能力人、限制民事行为能力人合法权益的”，其他法定代理人或近亲属均可以代为提出法律援助申请。本条第 1 款的表述修改更注重对无民事行为能力人、限制民事行为能力人的权利保护，扩大了代理人的范围，赋予了近亲属代为提出法律援助的权利。

相较于《法律援助条例》，本条第 2 款新增加了被羁押人员特别代理的规定，填补了之前立法上的空白，进一步加强了对被羁押人员申请法律援助的权利保护。在《法律援助条例》第 15 条中仅规定，被羁押人员申请法律援助的材料可以由申请人的法定代理人或者近亲属协助提供，其性质与本条第 2 款规定的代为提交法律申请的性质有所不同。在一些地方性立法中有类似的规定，例如《江苏省法律援助条例》第 15 条第 2 款规定，申请人被限制人身自由的，申请人的近亲属可以代为申请。本条第 2 款在吸收地方立法有益经验的基础上，赋予了被羁押人员要求代为申请法律援助的权利。

在具体适用时，本条应注意以下两方面内容。

1. 相关主体的认定依据。首先，关于本条第 1 款中无民事行为能力人与限制民事行为能力人的认定标准。根据《民法典》第 17 条至第 22 条的规定，无民事行为能力人是指不满 8 周岁的未成年人、不能辨认自己行为的成年人以及不能辨认自己行为的 8 周岁以上的未成年人。限制民事行为能力人，是指不能完全辨认自己行为的成年人、8 周岁以上的未成年人。以上规定，对民事、刑事等不同类型案件中认定无民事行为能力人与限制民事行为能力人均适用。其次，关于法定代理人的认定。本条第 1 款、第 2 款均赋予了法定代理人、近亲属代为申请法律援助的权利。在立法审议过程中，有代表提出应当将“法定代理人”修改为“监护人”，最终立法采用了“法定代理人及近亲属”的标准。需要注意的是，法定代理人、近亲属的认定标准，在民事诉讼和刑事诉讼中存在区别。

在民事诉讼中，法定代理人应根据《民法典》第23条的规定认定，无民事行为能力人、限制民事行为能力人的监护人是其法定代理人。因此，民事诉讼中确定法定代理人，首先应当判断监护人。监护人的判断标准在《民法典》第一编第二章第二节监护部分有详细规定，在适用本条时应当参照。民事诉讼中近亲属的标准，根据《民法典》第1045条的规定认定，包括配偶、父母、子女、兄弟姐妹、祖父母、外祖父母、孙子女、外孙子女，其范围相对较大。在刑事诉讼中，根据《刑事诉讼法》的规定，法定代理人、近亲属的判断标准与民事诉讼不同。《刑事诉讼法》第108条规定，法定代理人是指被代理人的父母、养父母、监护人和负有保护责任的机关、团体的代表。近亲属是指夫、妻、父、母、子、女、同胞兄弟姊妹。可见，关于代理人的范围，相关实体法和程序法给予了不同界定。为此，在适用本法时，应当按照最有利于当事人原则，体现“应援尽援”的立法精神。具体来讲，法律援助类纠纷可通过诉讼方式和非诉讼方式两种途径化解。对于未进入诉讼阶段的法律援助案件，应当适用《民法典》关于代理人的有关规定。对于进入诉讼程序的法律援助案件，应当根据法律援助案件具体类型，适用相应实体法或程序法的规定。

实践中出现过部分法定代理人侵犯无民事行为能力人、限制民事行为能力人合法权益的案件，如法定代理人遗弃、虐待无民事行为能力人、限制民事行为能力人，或无民事行为能力人、限制民事行为能力人向法定代理人索要赡养费、抚养费等。法定代理人不能很好地履行监护的责任，其他法定代理人及近亲属应及时承担责任，代为申请法律援助，保护无民事行为能力人、限制民事行为能力人的合法权益。

2. 被羁押人员提出法律援助申请的规定。本条第2款作为立法新增的内容，与本法第39条的规定相对应。关于犯罪嫌疑人、被告人、服刑人员，以及强制隔离戒毒人员的认定，与本法第39条一致，不再赘述。需要注意的是，本法第25条规定，刑事案件中被告人、犯罪嫌疑人属于未成年人、不能完全辨认自己行为的成年人的，属于指定辩护的范围，即便被告人、犯罪嫌疑人未主动申请法律援助，公安机关、人民检察院、人民法院也应当通知法律援助机构指派律师担任辩护人。除了指定辩护的情况，根据本法第 39 条的规定，被羁押人员可以通过办案机关、监管场所申请法律援助。此外，被羁押人员符合本条第 2 款规定的，还可以由其法定代理人或近亲属代为提出法律援助申请，进一步保障被限制人身自由人员申请法律援助的权利。

（吴晓蓉、赵铖柯 撰写）

第四十一条　【经济困难状况的说明、核查及配合义务】因经济困难申请法律援助的，申请人应当如实说明经济困难状况。

法律援助机构核查申请人的经济困难状况，可以通过信息共享查询，或者由申请人进行个人诚信承诺。

法律援助机构开展核查工作，有关部门、单位、村民委员会、居民委员会和个人应当予以配合。

【立法背景】

本条是关于因经济困难申请法律援助的，对经济困难状况的说明、核查及配合的规定。近年来，为了降低困难群众申请法律援助的门槛，各地在深入开展“放管服”改革中主动减少证明事项，积极开展法律援助经济困难证明告知承诺制试点。在此背景下，本条调整了《法律援助条例》的相关规定，不再明确规定因经济困难申请法律援助需要提交的证件、证明材料，也未保留《法律援助条例》第17条中有关申请人提供经济困难证明的相关表述，仅规定了申请人“如实说明经济困难状况”的义务，有利于落实“减证便民”政策，打通法律援助服务困难群众的“最后一公里”。同时，本条赋予法律援助机构通过部门信息共享进行核查的权力，让有条件的地区依托并运用信息共享系统核查申请人的经济困难状况，并规定相关主体对于核查工作负有配合义务，提升法律援助工作效率和质量。

【条文解读与法律适用】

1. 对如实说明经济困难状况义务的理解。对于经济困难的具体标准应当如何把握的问题。目前，我国相关立法机构、行政机关对此并没有明确规定可以普遍适用的统一标准，本法第34条在《法律援助条例》原有规定的基础上，增加了对经济困难标准实行动态调整的规定。因此，法律援助机构在就申请人所述经济困难状况进行核查的工作中，应当严格执行当地确定的法律援助经济困难的实际标准。关于如实说明经济困难状况义务的理解问题，本条现有规定中明确了承担说明义务的主体是法律援助申请人，但并未对“如实说明”的具体形式或方式作出列举式的规定，申请人对于经济困难的状况只需要“如实说明”即可。实践操作中，本条规定在一定程度上既有利于减轻申请人的负担，也有利于申请人便捷、高效地获得法律援助，切实体现了法律援助工作作为一项重要民生工程的理念。各地地方立法机关或者法律援助机构在后续工作中，可以对本法规定的申请人“如实说明经济困难状况”义务予以适当细化，进一步实行简便易行的说明方式，但其中需要注意的一个问题是，细化工作中应避免不当增加申请人的义务、减损申请人的权利。在各地法律援助工作过往实践中，关于“如实说明”存在提交经济困难的证明材料和告知承诺等多种不同方式，本法实施后，申请人可以结合所在地法律援助机构的安排，选择“如实说明经济困难状况”的具体方式。

2. 法律援助机构核查申请人经济困难状况的方式。法律援助机构原则上应当对申请人的经济困难状况进行核查，除非符合本法第 42 条规定的情形，方可免予核查经济困难状况。同时，本法明确赋予已经建立部门信息共享查询机制的有条件的法律援助机构，可以通过部门信息共享机制查询核查申请人的经济困难状况。另外，对申请人个人诚信承诺制度而言，其本身属于一种自证方式，还需要法律援助机构完成核查。申请人如果存在违法承诺或者不实承诺情形，需要承担相应的法律责任。

3. 有关部门、单位、村民委员会、居民委员会和个人负有配合核查的义务。实践中，基层法律援助机构的工作人员数量有限，本条规定了相关主体负有配合开展核查工作的义务。一方面，有利于缓解法律援助机构人手不足的现象，也有利于降低法律援助机构的核查成本，提高工作效率；另一方面，有关部门、单位、村民委员会、居民委员会和个人往往也了解申请人所述的实际经济状况，掌握能够反映申请人实际经济状况的相关信息材料，规定相关组织和个人承担配合核查的义务，有利于提高核查工作的准确性和实效性，有利于符合条件的申请人尽快获得法律援助。有关部门、单位、村民委员会、居民委员会和个人负有配合法律援助机构开展核查工作的义务，应当及时如实提供相关信息材料，相关组织和个人无正当理由不得拒绝配合法律援助机构开展核查工作。

（孙笑　撰写）

第四十二条　【免予核查经济困难状况的人员范围】法律援助申请人有材料证明属于下列人员之一的，免予核查经济困难状况：

（一）无固定生活来源的未成年人、老年人、残疾人等特定群体；

（二）社会救助、司法救助或者优抚对象；

（三）申请支付劳动报酬或者请求工伤事故人身损害赔偿的进城务工人员；

（四）法律、法规、规章规定的其他人员。

【立法背景】

本条是关于免予核查经济困难状况的人员范围的规定。2015 年《法律援助制度意见》指出，要“简化审查程序，对城乡低保对象、特困供养人员等正在接受社会救助的对象和无固定生活来源的残疾人、老年人等特定群体，以及申请支付劳动报酬、工伤赔偿的农民工，免除经济困难审查”。本条规定既做到了严格贯彻执行中央有关要求精神，同时也是在对地方法律援助立法、实践进行经验梳理、总结归纳基础之上所作出的制度安排。根据本条规定，符合条件的人员只需要提供相应材料证明自身属于法定“免予核查经济困难状况”的人群，即可免予经济困难状况核查，是方便困难群众更快捷地获得及时、有效法律援助的便民、利民、惠民措施。

【条文解读与法律适用】

一、无固定生活来源的未成年人、老年人、残疾人等特定群体

1. 无固定生活来源的未成年人免予核查经济困难状况。根据我国《未成年人保护法》的相关规定，未成年人是指未满 18 周岁的公民。对需要法律援助或者司法救助的未成年人，法律援助机构或者公安机关、人民检察院、人民法院和司法行政部门应当给予帮助，依法为其提供法律援助或者司法救助。

2. 无固定生活来源的老年人免予核查经济困难状况。根据我国《老年人

权益保障法》的相关规定，老年人是指年满60周岁以上的公民。老年人需要获得律师帮助，但无力支付律师费用的，可以获得法律援助。

3. 无固定生活来源的残疾人免予核查经济困难状况。根据我国《残疾人保障法》的相关规定，残疾人是指在心理、生理、人体结构上，某种组织、功能丧失或者不正常，全部或者部分丧失以正常方式从事某种活动能力的人。对有经济困难或者其他原因确需法律援助或者司法救助的残疾人，当地法律援助机构或者人民法院应当给予帮助，依法为其提供法律援助或者司法救助。

4. 其他无固定收入来源的特定群体免予核查经济困难状况。无固定收入来源需要法律援助的妇女、建档立卡贫困劳动者、医疗患者、华侨等特定群体，同样可以免予核查经济困难状况。

二、社会救助、司法救助或者优抚对象

1. 社会救助对象免予核查经济困难状况。根据我国《妇女权益保障法》《残疾人保障法》《社会救助暂行办法》等规定，我国社会救助对象主要包括：符合法定条件的未成年人、老年人、残疾人、低收入人群，特殊原因导致基本生活暂时陷入困境的家庭或个人，临时遇困、生活无着落人员，遭遇自然灾害等受灾人员等。

2. 司法救助对象免予核查经济困难状况。根据《司法救助规定》《司法救助制度意见》《司法救助工作细则》《司法救助工作意见》《司法救助案件办理程序规定》《司法救助委员会工作规则》《司法救助工作支持脱贫攻坚实施意见》等规定，我国司法救助对象涵盖范围主要包括：符合条件的军人、军人家属和烈士、因公牺牲的军人、病故军人的遗属、未成年人、残疾人、妇女、刑事案件被害人等特定对象。

3. 优抚对象免予核查经济困难状况。根据《军人地位和权益保障法》《英雄烈士保护法》《兵役法》《退役军人保障法》等规定，我国优抚对象主要包括：中国人民解放军现役军人、服现役或者退出现役的残疾军人以及复员军人、退伍军人、烈士遗属、因公牺牲军人遗属、病故军人遗属、中国人民解放军现役军人家属及其他优抚对象等。

三、申请支付劳动报酬或者请求工伤事故人身损害赔偿的进城务工人员

2015年《法律援助制度意见》明确要求对申请支付劳动报酬、工伤赔偿的农民工简化审查程序，免除经济困难审查，提高审查效率。工资报酬权益和劳动安全权益是劳动者的核心权益，农民工工伤事故是实践中常见的纠纷或案件。工伤认定、劳动能力鉴定等程序都需要专业的法律帮助。为了保证农民工能够获得及时有效的法律帮助，本条第 3 项规定这种情况下应当免予经济困难状况核查。

四、法律、法规、规章规定的其他人员

本条第 4 项属于兜底条款，除了本法明确列举的几类免予核查经济困难状况的人员外，其他立法中也存在相关规定，相关人员同样应免予核查经济困难状况，包括以下几种情形。

1. 符合条件的刑事案件的犯罪嫌疑人、被告人。依据《刑事诉讼法》和本法第 25 条的规定，刑事案件的犯罪嫌疑人、被告人属于下列人员之一，没有委托辩护人的，人民法院、人民检察院、公安机关应当通知法律援助机构指派律师担任辩护人：未成年人；视力、听力、言语残疾人；不能完全辨认自己行为的成年人；可能被判处无期徒刑、死刑的人；申请法律援助的死刑复核案件被告人；缺席审判案件的被告人；法律法规规定的其他人员。其他适用普通程序审理的刑事案件，被告人没有委托辩护人的，人民法院可以通知法律援助机构指派律师担任辩护人。

2. 强制医疗案件中没有委托诉讼代理人的被申请人或者被告人。依据《刑事诉讼法》和本法第 28 条的规定，强制医疗案件的被申请人或者被告人没有委托诉讼代理人的，人民法院应当通知法律援助机构指派律师为其提供法律援助。

3. 不受经济困难条件限制的其他情形。依据本法第 32 条的规定，当事人申请法律援助，不受经济困难条件限制的情形包括：英雄烈士近亲属为维护英雄烈士的人格权益；因见义勇为行为主张相关民事权益；再审改判无罪请求国家赔偿；遭受虐待、遗弃或者家庭暴力的受害人主张相关权益；法律、法规、规章规定的其他情形。

（孙笑　撰写）

第四十三条 【法律援助申请的审查和处理】法律援助机构应当自收到法律援助申请之日起七日内进行审查，作出是否给予法律援助的决定。决定给予法律援助的，应当自作出决定之日起三日内指派法律援助人员为受援人提供法律援助；决定不给予法律援助的，应当书面告知申请人，并说明理由。

申请人提交的申请材料不齐全的，法律援助机构应当一次性告知申请人需要补充的材料或者要求申请人作出说明。申请人未按要求补充材料或者作出说明的，视为撤回申请。

【立法背景】

本条主要规定法律援助机构对法律援助申请的审查程序。法律援助审查是开展法律援助工作的前提，《法律援助条例》第 18 条对法律援助申请审查作了规定，在立法过程中，对于法律援助申请，法律援助机构应如何审核、多长时间内予以审核、不符合法律援助条件时应如何处理等问题存在争议，特别是群众对法律援助受理难问题反映较为强烈。本条在《法律援助条例》第 18 条的基础上，经过充分的调研和讨论，对法律援助申请的审查期限、审查结果的告知、申请材料的补充等作了调整和修改，删除了《法律援助条例》中法律援助机构查证申请人材料的规定，目的是规范法律援助机构审查行为，维护申请人合法的程序权利。

【条文解读与法律适用】

关于法律援助的申请受理程序，本次立法参考了《民事诉讼法》中民事诉讼受理程序的有关规定。同时，对于申请材料不齐全的情况，本条明确法律援助机构应一次性告知所需材料，以免让申请人因材料不完整而反复申请。

1. 关于法律援助机构对申请条件的审查。申请条件的审查分为两个层面。其一，对申请书的形式审查。主要是审查申请书上是否载明必要内容，包括申请人姓名、联系方式、家庭住址、请求法律援助的原因、请求法律援助的内容等。其二，对申请书的实质审查。实质审查主要是判断申请书载明的申请人的基本情况、申请法律援助的原因和理由是否符合法律规定。当事人的申请满足形式要求并不意味着必然能够获得法律援助服务。因为法律援助服务作为一种无偿提供的公共法律服务，需要消耗一定的公共资源，具有相应的运行成本，只能向符合特定条件的申请人提供。其他人若想获得公共法律服务，可以通过有偿购买的方式获取。本法第三章规定了可以申请法律援助服务的范围，主要包括两类主体：一是符合法律规定的刑事案件的犯罪嫌疑人和被告人；二是申请特定法律援助服务的经济困难的当事人。同时本法第32条还针对特定情形，豁免了经济困难条件的限制。申请法律援助的案件范围和理由必须符合本法规定，法律援助机构才能提供法律援助服务。

2. 维护申请人的程序权利。法律援助申请是启动法律援助服务的第一步，然而从实践情况来看，很多申请人都因无法启动第一步而得不到法律援助服务。虽然法律援助设有一定的门槛，但无论申请人是否能够获取法律援助，其相关的程序权利都应得到保护。本条从四个方面保护申请人的程序权利：其一，对于申请人的法律援助申请，法律援助机构必须在七日内作出审查，包括形式审查和实质审查，不能在收到申请材料后久拖不决；其二，对于符合法律援助条件的，应在作出决定之日起三日内指派法律援助人员提供法律援助，以保证法律援助服务的及时性；其三，对于不符合法律援助条件的申请人，应当书面告知不给予法律援助的决定，并说明理由，让申请人充分了解不给予法律援助的原因；其四，对于申请书不齐全或不符合形式要求的，法律援助机关应告知当事人补正，可以现场补正的，应告知申请人具体补正方式，无法现场补正的，则应当一次性告知申请人应补交的材料，并就当事人不理解的问题进行说明，以便让申请人能在下次申请时满足法律援助申请的形式要求。

（杨晓　撰写）

第四十四条　【先行提供法律援助的情形】法律援助机构收到法律援助申请后，发现有下列情形之一的，可以决定先行提供法律援助：

（一）距法定时效或者期限届满不足七日，需要及时提起诉讼或者申请仲裁、行政复议；

（二）需要立即申请财产保全、证据保全或者先予执行；

（三）法律、法规、规章规定的其他情形。

法律援助机构先行提供法律援助的，受援人应当及时补办有关手续，补充有关材料。

【立法背景】

先行提供法律援助是一种临时措施，在《法律援助条例》中并未规定，目的在于及时向当事人提供法律援助，以免造成难以挽回的损害。因为法律援助属于国家公共法律服务，法律援助机构不能随意作出先行提供法律援助的决定，本条明确规定法律援助机构可以先行提供法律援助的情形，让法律援助机构先行提供法律援助能够有法可依，这是法律援助服务方式创新的重要法律依据，也是对实践经验积累的肯定。

【条文解读与法律适用】

先行提供法律援助，是指法律援助机关在收到申请人的法律援助申请后，在尚未审查是否符合法律援助条件前，先行向申请人提供法律援助服务的行为。先行提供法律援助服务是在常规法律援助程序外的特别程序，类似于《民事诉讼法》规定的先予执行制度。在我国法律体系中，无论是诉讼、仲裁还是行政复议，均有相关时限规定。超过法定时限，将产生不利的法律后果。实践中，不少当事人申请法律援助之时已非常接近相关时限的最后期限，或者不立即做出相关程序性行为将产生严重后果。此时如果还按照常规程序进行审查，将可能导致当事人的权益无法得到及时保护。为了避免出现这种情况，本条规定了先行提供法律援助制度，并从适用范围和操作程序两个方面予以规范。

1. 先行提供法律援助限于本条列举的情形和法律、法规、规章规定的其他情形。先行提供法律援助作为一种特别程序，有其重要意义，但不能任意扩大适用范围，否则将可能导致很多原本并不符合法律援助条件的当事人利用该制度获取法律援助，占用公共资源。本条通过有限列举和概括条款相结合的方式规定了可以先行提供法律援助的情形。本条还授权法律、法规、规章规定未列举的其他情形，以适应经济社会发展的需要。法律、法规、规章的范围应以《立法法》规定为准，其中法规既包括行政法规，也包括地方性法规，规章既包括部门规章，也包括地方政府规章。除法律、法规、规章外的其他规范性文件不得增设可先行提供法律援助的情形。

2. 法律援助机构对于先行提供法律援助有决定权。依本条第 1 款的规定，即使符合本条规定的情形，法律援助机构也不必然先行提供法律援助。这是因为，即使符合本条规定的情形，亦要考虑个案之间的具体适用差异。先行提供法律援助意味着公共法律服务资源的先行投入，这种公共资源的投入并非在每个案件中都是必需的。因为此时申请人是否符合法律援助的条件尚未确定，法律援助机构可以自行评估是否需要先行提供法律援助。在这个过程中，应综合考虑法律援助的成本、请求提供法律援助的紧迫性、法律援助可能给当事人带来的收益、不及时提供法律援助可能导致的后果严重程度等因素进行综合判断。

3. 先行提供法律援助的同时，受援人应及时补办有关手续材料。先行提供法律援助，并不豁免受援人提供手续材料等义务。法律援助机构先行提供法律援助服务后，一方面受援人应当依据本法第 47 条的规定，向法律援助人员如实陈述与法律援助事项有关的情况，及时提供证据材料，协助、配合办理法律援助事项；另一方面受援人也应按照本法第 43 条的规定向法律援助机构提供有关证明其符合法律援助条件的手续材料。如果法律援助人员发现申请人提交的手续材料不符合法律援助条件，或者有本法第 48 条规定情形之一的，应当终止有关法律援助，并及时向法律援助机构报告。法律援助机构应作出终止法律援助的决定，并书面通知受援人。受援人可依据本法第 49 条的规定提出异议申请。

（杨晓　撰写）

第四十五条　【为特定群体提供法律援助】 法律援助机构为老年人、残疾人提供法律援助服务的，应当根据实际情况提供无障碍设施设备和服务。

法律法规对向特定群体提供法律援助有其他特别规定的，依照其规定。

【立法背景】

本条是关于为老年人、残疾人等特殊群体提供法律援助时给予特别服务的规定。除了第 1 款列举的老年人、残疾人，第 2 款规定的特定群体还应包括未成年人、妇女等。考虑到未成年人、妇女、老年人、残疾人与常人相比，更容易受到不法侵害，其心理、身体机能均需要特别保护，加之自身法律知识有限，不知如何向社会求助，故应当为其提供个性化、便捷化的服务。本条规定旨在延伸服务领域，注重对受援人进行人文关怀和心理疏导，完善法律援助与司法救助、社会救助工作的衔接机制，提升服务效果。因此，不仅考虑到在法律援助的场所和设备上应贴心设置无障碍设施，而且考虑到我国关于未成年人、妇女等特定群体的权益保护有单行法，其中已经有很多关于法律援助的特别规定，因此在适用本法时应考虑与其他单行法的衔接。

【条文解读与法律适用】

一、为老年人、残疾人提供无障碍法律援助服务

本条第 1 款要求法律援助机构“提供无障碍设施设备和服务”，即要求法律援助机构进行无障碍环境建设，为残疾人、老年人提供安全、方便、可及的无障碍服务。

无障碍环境是指便于残疾人、老年人等社会成员自主安全地通行的道路、出入相关建筑物、搭乘公共交通工具、交流信息、获得社会服务的环境。法律援助机构属于提供政务服务的公共机构，考虑到负责接收法律援助申请的各个服务大厅或服务窗口可能会有残疾人、老年人或行动不便的人来寻求法

律援助，要符合国家关于无障碍环境建设的有关要求，办公场所应当符合无障碍设施工程的建设标准，并与周边无障碍设施相衔接。出入口、地面、电梯、扶手、厕所、房门、柜台应当方便残疾人、老年人及其轮椅通行和使用，专门设置服务老年人、残疾人等特殊群体的无障碍导办台或服务窗口，设置醒目指示引导牌、语音引导装置或盲文指示标识等。同时，应当为残疾人、老年人获取并利用法律援助公共信息提供便利，包括法律援助机构的政务服务平台、公共服务网站及其移动终端等，均应当符合或逐步达到无障碍设计标准，提供无障碍信息传播与交流服务。法律援助机构应当创造条件为残疾人、老年人提供语音和文字提示、手语、盲文等信息交流服务等。

二、法律法规可以作出特别规定

依照本条第 2 款的规定，法律、行政法规和地方性法规对向特定群体提供法律援助有其他特别规定的，依照其规定。我国有不少单行法和行政法规对法律援助均有特别规定，特别是面向特殊群体的单行法。主要包括以下类别。

1. 法律的特别规定。我国《英雄烈士保护法》《反家庭暴力法》《老年人权益保障法》《未成年人保护法》《残疾人保障法》《妇女权益保障法》《水污染防治法》《固体废物污染环境防治法》《农业法》《社区矫正法》等法律中均有条文对向特殊群体提供法律援助和司法救助作出了规定。我国《刑事诉讼法》和《律师法》也对刑事诉讼程序中的法律援助问题和律师履行法律援助义务等问题作了专门规定，亦应依照执行。

2. 行政法规的特别规定。国务院 2003 年颁布《法律援助条例》，对法律援助作了专门规定，本法生效后，《法律援助条例》中与本法相一致的规定，继续有效，与本法不一致的规定不再继续执行。其他行政法规中也有向特定群体提供法律援助的规定，也应依照执行。如《保障农民工工资支付条例》将农民工列为法律援助的重点对象，依法为请求支付工资的农民工提供便捷法律援助。《居住证暂行条例》也规定为居住证持有人提供法律援助和其他法律服务。

3. 地方性法规的特别规定。目前我国有 20 多个省、自治区和直辖市制定了专门的法律援助条例，本法授权各地方可根据本地实际，制定地方性法规为特定群体提供法律援助。如《江苏省志愿服务条例》就规定，因提供志愿服务受伤、致残的志愿者或死亡的志愿者的近亲属可以申请法律援助。

（何斐　撰写）

第四十六条 【法律援助人员的法律援助义务】法律援助人员接受指派后，无正当理由不得拒绝、拖延或者终止提供法律援助服务。

法律援助人员应当按照规定向受援人通报法律援助事项办理情况，不得损害受援人合法权益。

【立法背景】

本条规定的是法律援助人员的法律义务。法律援助人员的首要义务是为受援人的利益服务，在接受指派后，应当勤勉尽责，为受援人提供法律服务，包括在受指派权限内，通过咨询、代书法律文书、申请赔偿、和解、调解、申请仲裁和提起诉讼等方式最大限度维护受援人的合法权益，自觉遵守职业道德和执业规范，维护法律的公正实施。作为法律援助人员，如果无故终止法律援助或违背受援人的意愿，既影响受援人维护合法权益，也不能实现本法的立法目的。

本条规定与本法第 61 条、第 62 条、第 63 条的规定是前后呼应、一体承继的关系。本条规定法律援助人员应尽的义务，第 61 条、第 62 条、第 63 条规定未尽义务须承担的法律责任，上述条文应当配套理解与适用。

【条文解读与法律适用】

1. 关于“正当理由”。法律援助人员接受指派后，应当积极履行义务，为受援人提供有效的法律援助服务，不能随意拒绝、拖延或者终止提供服务。根据本条规定，只有基于正当理由才能拒绝、延迟或者终止提供法律援助服务。对于哪些情形属于“正当理由”，本法第 48 条作出明确规定，从实践中来看，下列情形通常被认定具备“正当理由”：（1）受援人不再符合经济困难标准；（2）受援人自行委托其他代理人或者辩护人；（3）受援人基于正当理由要求终止法律援助；（4）受援人无正当理由拒绝法律援助机构指派的法律援助人员；（5）受援人以欺骗或者其他不正当手段获得法律援助；（6）受援人利用法律援助从事违法活动；（7）受援人要求法律援助人员提出没有事实和法律依据的请求；（8）受援人故意隐瞒与案件有关的重要事实或者提供虚假证据、证件、不真实经济困难申报材料；（9）依申请提供法律援助的刑事案件，犯罪嫌疑人、被告人坚持自己辩护，拒绝法律援助机构指派的律师为其辩护；（10）受援人不协助、不配合法律援助机构和法律援助服务人员，使法律援助工作难以继续开展；（11）受援人失去联系，无法继续为其提供法律援助；（12）先行提供法律援助时，法律援助机构审查发现受援人不符合法律援助条件；（13）获得先予援助的受援人未在规定期限内按规定补交材料；（14）人民法院、人民检察院、公安机关撤销辩护通知；（15）案件依法终止审理或者被撤销；（16）法律援助人员因为疾病等原因无法提供法律援助；（17）法律援助人员已在同一案件中为一方当事人或有利害关系的第三方进行代理或者辩护；（18）法律援助人员不具备办理案件所需的经验和专业知识；（19）法律、法规规定的其他情形。

除以上情形外，其他无故拒绝提供法律援助的行为，依照本法第 60 条、第 62 条的规定，应当由司法行政部门、律师协会依照有关法律、法规、行业自律管理规范予以处罚和惩戒。

2. 关于应当向受援人通报的办理情况范围。本条第 2 款规定了法律援助人员应当按照规定向受援人通报法律援助事项办理情况。受援人有权了解法律援助的进展，其知情范围包括：案件基本法律事实、应适用的法律法规、诉讼或仲裁的程序、是否同意以和解或调解方式解决纠纷、和解协议的内容及相关的法律后果、应当收集整理的证据范围、起诉或答辩的内容、是否可享有司法救助、基本量刑规范等。法律援助人员应当坚持以事实为依据，以法律为准绳，及时通报办理进展，并从专业角度向受援人提供法律知识，提出法律建议，以便受援人作出下一步的选择。法律援助人员不得在未经受援人同意或授权的情况下作出代为放弃权利、代为和解、代为认可或否认基本事实等行为，同时应当保护受援人隐私，防止秘密泄露。法律援助人应当积极履行通报义务，受援人应当积极主动配合开展援助工作，两者之间应处于一种良性互动状态，有利于推动法律援助事项获得高效满意的办理。

3. 关于受援人的“合法权益”。法律援助人员与受援人应当是利益共同体，受援人的合法权益就是法律援助要争取的首要目标。实践中，受援人的

“合法权益”主要包括：(1) 了解服务进展的权利。(2) 更换法律援助人员的权利。(3) 投诉的权利。法律援助人员提供法律援助过程中，受援人如果认为法律援助人员有违法、违规行为的，有权向司法行政机关投诉。(4) 申请复查、复议或提起诉讼的权利。申请人对法律援助机构作出的不予提供法律援助服务决定不服时，有权申请复查、申请行政复议或者提起行政诉讼。(5) 申请缓收、减免相关费用的权利。法律援助人员依法享有向法院、仲裁机构、行政机关等机关申请缓收、减免案件受理费、诉讼费、仲裁费、勘验费、评估费、审计费等的权利。(6) 申请减免公证费的权利。根据《公证法》第 34 条规定，符合法律援助条件的当事人，公证机构应当按照规定减免公证费。(7) 保守商业秘密、个人隐私的权利。受援人享有要求法律援助机构及其人员对受援人提供的涉及商业秘密、个人隐私的信息予以保密的权利。(8) 免交法律服务费用的权利。法律援助人员应当忠于职守，认真负责，为受援人利益服务，不得向受援人收取任何财物或谋取任何利益。

（何斐　撰写）

第四十七条　【受援人的义务】受援人应当向法律援助人员如实陈述与法律援助事项有关的情况，及时提供证据材料，协助、配合办理法律援助事项。

【立法背景】

本条是关于法律援助受援人的义务的规定。宪法第33条第4款规定，任何公民享有宪法和法律规定的权利，同时必须履行宪法和法律规定的义务。法律援助工作既是公共法律服务的重要组成部分，也是一项重要的民生工程，旨在让更多的人民群众享受到优质的公共法律服务资源。在依法享有接受法律援助权利的同时，公民必须积极履行相应的义务。根据本条规定，受援人接受法律援助的，应当向为其提供援助的法律援助人员如实陈述与法律援助事项有关的情况，并将有关的证据材料及时提供给法律援助人员，协助、配合法律援助人员有效开展法律援助工作，从而提升法律援助的办理效率和质量。

【条文解读与法律适用】

受援人应当依法履行的义务主要包括以下三个方面的内容。

1. 受援人应当如实向法律援助人员陈述与法律援助事项有关的情况。法律援助工作开展过程中，受援人如实陈述相关情况，是法律援助人员了解事项情况，依法开展法律援助工作的前提和基础。若受援人故意隐瞒与事项有关的重要事实，不如实陈述案件及相关情况，将会影响法律援助人员对案件作出全面、正确的判断，影响法律援助工作的开展，并最终对受援人合法权益的维护产生影响，削弱法律援助制度功能的发挥。受援人如果故意隐瞒与事项有关的重要事实，法律援助人员可基于本法第46条和第48条的规定，拒绝或终止提供法律援助服务。

2. 受援人应当及时提供真实、合法的证据材料。证据材料既是当事人办理法律事务的必要条件，也是维护自身合法权益的有力工具。在法律援助工作开展过程中，受援人应当履行如实提供相关证据及有关材料的义务，便于法律援助人员把握、分析事实，更好维护受援人的合法权益。如果受援人在法律援助工作开展过程中，无法提供相关证据材料，受援人将要承担不利的风险；如果受援人在法律援助工作开展过程中，提供虚假证据材料，法律援助人员有权根据本法第 46 条第 1 款和第 48 条的规定，因“正当理由”拒绝或者终止提供法律援助服务。

3. 受援人应当协助、配合法律援助人员办理法律援助事项。法律援助工作顺利进行，离不开受援人协助与配合。在法律援助工作开展过程中，受援人应当积极主动向法律援助人员提供线索，协助法律援助人员调查取证。如若因为受援人不协助、不配合法律援助人员依法开展法律援助工作，使援助工作难以继续开展的，法律援助人员有权因该“正当理由”拒绝或终止法律援助服务。此外，法律援助机构及其人员对于提供法律援助服务中知悉的受援人不愿泄露的情况和信息负有保密义务。若法律援助机构及其工作人员泄露法律援助过程中知悉的国家秘密、商业秘密和个人隐私的，依据本法第 61 条、第 63 条的规定，将承担相应的责任。

（李佳鸿 撰写）

第四十八条　【终止法律援助的情形】有下列情形之一的，法律援助机构应当作出终止法律援助的决定：

（一）受援人以欺骗或者其他不正当手段获得法律援助；

（二）受援人故意隐瞒与案件有关的重要事实或者提供虚假证据；

（三）受援人利用法律援助从事违法活动；

（四）受援人的经济状况发生变化，不再符合法律援助条件；

（五）案件终止审理或者已经被撤销；

（六）受援人自行委托律师或者其他代理人；

（七）受援人有正当理由要求终止法律援助；

（八）法律法规规定的其他情形。

法律援助人员发现有前款规定情形的，应当及时向法律援助机构报告。

【立法背景】

本条是关于终止法律援助情形的规定。本条所涉终止法律援助不是通常意义上的法律援助的结束，它是法律援助程序的非正常结束，即在法律援助案件尚未办理完毕时，由于特殊法定事由的出现而提前结束法律援助。本条第 1 款列举了终止法律援助的 7 种常见情形，并辅之以兜底性规定。同时，第 2 款明确了法律援助人员负有发现终止情形的及时报告义务。

【条文解读与法律适用】

一、终止法律援助的情形

1. 受援人以欺骗或者其他不正当手段获得法律援助。设立法律援助制度的初衷是让经济困难的当事人或者其他社会弱势群体的维权能力进一步提升，维权渠道更加畅通。实践中，以欺骗或者其他不正当手段获得法律援助一般是指法律援助申请人依照本法第 41 条、第 42 条对经济困难状况进行说明时，通过隐瞒实际经济情况、伪造证明文件、贿赂法律援助机构工作人员或者其他不正当手段以获得法律援助，降低自身办理法律事务的成本。上述行为增加了法律援助机构的负担，不利于有效发挥法律援助制度的功能。一旦发现，应当及时终止法律援助。

2. 受援人故意隐瞒与案件有关的重要事实或者提供虚假证据。法律援助工作的有序开展建立在法律援助人员充分了解与案件有关的重要事实的基础上。若受援人故意隐瞒与案件有关的重要事实或者提供虚假证据，法律援助工作将无法有效开展，同时，该行为严重背离法律援助制度的合法性要求，应当终止法律援助。不仅如此，如果受援人在诉讼环节中故意隐瞒与案件有关的重要事实或者提供虚假证据，不仅会妨碍案件的正常审理，还会损害司法权威与公信力。依据《民事诉讼法》第 114 条的规定，“伪造、毁灭重要证据，妨碍人民法院审理案件的”，人民法院可以根据情节轻重予以罚款、拘留；构成犯罪的，依法追究刑事责任。

3. 受援人利用法律援助从事违法活动。法律援助制度具有保障和改善民生、维护社会公平正义、促进社会和谐稳定的重要职能，如果受援人利用法律援助从事违法活动，其行为将受到法律制裁，同时该违法行为亦导致法律援助制度促进社会和谐稳定的职能受到破坏，国家管理秩序遭受侵害，法律援助应当终止。

4. 受援人的经济状况发生变化，不再符合法律援助条件。法律援助系国家设立的为经济困难公民和符合法定条件的其他当事人无偿提供法律咨询、代理、辩护等法律服务的制度，是公共法律服务体系的组成部分。在法律援助的申请条件中，考察的重要内容之一就是受援人的经济状况。如果受援人经济状况发生变化，不再属于经济困难公民，那么法律援助就应终止。但是，对于本法第 25 条、第 28 条、第 32 条中的受援人，即使经济状况发生变化，在案件终结前，一般也不能终止法律援助。

5. 案件终止审理或者已经被撤销。案件终止审理，是指人民法院在案件审理过程中，由于法定特殊事由的出现，案件继续审理已无可能或无必要，故而裁定终结案件的审理。案件被撤销，是指公安机关、人民检察院等对已经立案的案件经过侦查认为不构成犯罪，或者依法不应当追究刑事责任的，作出撤销案件的决定。《刑事诉讼法》第 16 条规定：“有下列情形之一的，不追究刑事责任，已经追究的，应当撤销案件，或者不起诉，或者终止审理，或者宣告无罪：（一）情节显著轻微、危害不大，不认为是犯罪的；（二）犯罪已过追诉时效期限的；（三）经特赦令免除刑罚的；（四）依照刑法告诉才处理的犯罪，没有告诉或者撤回告诉的；（五）犯罪嫌疑人、被告人死亡的；（六）其他法律规定免予追究刑事责任的。”不论是案件终止审理还是已经被撤销，都表明继续进行法律援助的客观条件已经不具备，法律援助应当终止。

6. 受援人自行委托律师或者其他代理人。法律援助的目的在于保障经济困难群体或者其他特殊群体获得法律帮助的权利，增进社会的公平正义。一旦受援人自行委托律师或者其他代理人的，说明受援人因经济困难或特殊情形无法获得法律服务的状况已经改变，国家提供法律援助的基础条件丧失，法律援助服务应当终止，这样能够尽早将有限的法律援助资源用于更需要援助的当事人。

7. 受援人有正当理由要求终止法律援助。除本法第 25 条规定的指定辩护、第 28 条规定的强制医疗代理外，法律援助的启动源于受援人的申请。若受援人主动要求终止法律援助的，系对自身权利的处分，法律援助应当终止。较之于《法律援助条例》第 23 条第 4 项的规定，本法增加了“正当理由”的限制，在保护受援人权利的同时，维护了法律的公正性和严肃性。

8. 法律法规规定的其他情形。本项系兜底性规定，前七项具体列举了应当终止法律援助服务的情形，但未必全面，随着经济社会的发展，还可能存在其他应当终止法律援助的情形。例如，本法第 44 条规定获得先行法律援助的受援人，不按照要求补办有关手续、补充有关材料，或者在补办有关申请手续后，被发现不符合当地法律援助经济困难标准，或者不属于法定的应当予以法律援助特殊案件当事人的，这种情况下也应当终止法律援助。

二、法律援助人员的报告义务

《办理法律援助案件程序规定》第 6 条规定：“法律援助人员办理法律援助案件，应当遵守职业道德和执业纪律，自觉接受监督。”如果法律援助人员发现存在应当终止法律援助情形的，应当及时向法律援助机构报告，避免产生进一步的负面影响。法律援助机构接到报告后，进行审查核实，若认为确系存在终止提供法律援助事由的，决定终止提供法律援助；若认为不存在的，应当督促法律援助人员继续提供法律援助。受援人若对终止法律援助的决定有异议的，可依据本法第 49 条的规定，进行相应的救济。

（李佳鸿　撰写）

第四十九条　【异议的提出、处理与救济】 申请人、受援人对法律援助机构不予法律援助、终止法律援助的决定有异议的，可以向设立该法律援助机构的司法行政部门提出。

司法行政部门应当自收到异议之日起五日内进行审查，作出维持法律援助机构决定或者责令法律援助机构改正的决定。

申请人、受援人对司法行政部门维持法律援助机构决定不服的，可以依法申请行政复议或者提起行政诉讼。

【立法背景】

本条是关于申请人、受援人不服法律援助机构决定时的救济途径的规定。司法行政部门是法律援助工作的监督管理部门，其通过对法律援助工作进行指导、监督，确保法律援助机构和人员依法履行职责，以维护申请人、受援人的合法权益。因此，本条规定了申请人、受援人有向相应的司法行政部门提出异议的权利。对此，司法行政部门应当进行审查并作出处理。同时，为了避免司法行政部门的决定可能侵害申请人、受援人的合法权益，本条在过去立法的基础上增加了救济性规定，申请人、受援人在不服司法行政部门决定时可以申请行政复议或者提起行政诉讼。

【条文解读与法律适用】

1. 异议的提出。本条第 1 款规定了法律援助中异议的提出。首先，异议的提出主体包括两类，即法律援助的申请人和受援人。通常情况下，申请人即为需要法律援助的当事人本人，但根据本法第 40 条的规定，特殊情况下也可由当事人的法定代理人或者近亲属代为提出法律援助申请。其次，异议的提出包括两种情形，一是申请人不服法律援助机构不予法律援助的决定，二是受援人不服法律援助机构终止法律援助的决定。其中，法律援助机构应作出终止决定的情形规定在本法第 48 条。最后，设立相应法律援助机构的司法行政部门是受理并处理异议的机关。申请人和受援人无需向法律援助机构提出异议，而是可以直接向该机构的主管部门寻求救济。

关于申请人、受援人提出异议的时限，本条并未进行规定。《全国民事行政法律援助服务规范》第 7. 3. 2 条规定，申请人可自接到不予法律援助决定书之日起 15 日内提出异议。除此之外，目前暂无提出异议时限方面的规定。

2. 异议的处理。本条第 2 款对司法行政部门如何处理异议进行了规定。首先，关于审查、处理异议的时限，为司法行政机关收到异议之日起 5 日内。其次，司法行政机关审查异议后有两种处理异议的方式。根据《办理法律援助案件程序规定》第 19 条，如果司法行政机关认为法律援助机构认定事实无误、作出决定正确，应当维持法律援助机构的决定，书面告知申请人并说明理由；如果司法行政机关经审查认为当事人符合申请法律援助的条件，或者认为不存在本法第 48 条规定的应当终止法律援助的情形，应当以书面形式责令法律援助机构为当事人提供法律援助，同时书面告知申请人，以维护当事人的合法权益。

3. 异议的救济。本条第 3 款规定了申请人、受援人不服司法行政部门决定的救济途径。司法行政部门维持法律援助机构决定是在行政管理活动中行使职权、影响行政相对人权利义务的行为，属于具体行政行为。因此，不服该决定的申请人、受援人有权申请行政复议或者提起行政诉讼。

根据《行政复议法》第 2 条的规定，公民、法人或者其他组织认为行政机关的具体行政行为侵犯其合法权益的，可以申请行政复议。根据《行政复议法》的相关规定，申请人、受援人可以自知道司法行政部门的具体行政行为之日起 60 日内，向司法行政部门的本级人民政府或其上一级主管部门申请行政复议，方式上既可采取书面申请，也可采取口头申请。

《行政诉讼法》第 2 条规定，公民、法人或者其他组织认为行政机关和行政机关工作人员的行政行为侵犯其合法权益的，有权向法院提起诉讼。需要注意的是，行政复议并非行政诉讼的前置程序。根据《行政诉讼法》第 44 条的规定，申请人、受援人可以先申请复议后提起诉讼，也可以直接提起诉讼。需要说明的是，2020 年《行政复议法（征求意见稿）》规定申请人对复议决定不服的，应当就原行政行为向法院起诉。起诉原行政行为则适用修改后的

《行政复议法》以及《行政诉讼法》关于起诉期限的相关规定。在直接提起诉讼的情形下，申请人、受援人应当自知道或者应当知道司法行政部门作出维持决定之日起6个月内提起诉讼。

（袁东筱　撰写）

第五十条　【法律援助人员的报告与提交材料义务】法律援助事项办理结束后，法律援助人员应当及时向法律援助机构报告，提交有关法律文书的副本或者复印件、办理情况报告等材料。

【立法背景】

本条是关于法律援助事项办结后，法律援助人员及时报告和提交材料的规定。法律援助机构负责组织实施法律援助工作，具体事项则由法律援助人员办理。通过法律援助人员的报告与提交材料，法律援助机构能够了解事项办理的具体情况，有利于其对法律援助人员进行监督管理，提高法律援助的工作质量。其中，《法律援助法（草案）》并未对报告提出"及时"的要求。在征求意见的过程中，有人建议增加"及时"报告的规定或者明确报告和提交材料的时限，以提高法律援助事项的办理效率。本条最终采纳了这一意见，明确规定法律援助人员应当及时向法律援助机构报告。

【条文解读与法律适用】

1. 法律援助事项办理结束的时间节点。本条规定，法律援助人员向法律援助机构报告和提交材料的时间为法律援助事项办理结束后。《办理法律援助案件程序规定》第 34 条对于法律援助事项办理结束的时间点进行了详细的规定，分为以下几种情形：（1）诉讼案件以法律援助人员收到判决书、裁定书、调解书之日为结案日；（2）仲裁案件或者行政复议案件以法律援助人员收到仲裁裁决书、行政复议决定书原件或者复印件之日为结案日；（3）其他非诉讼法律事务以受援人与对方当事人达成和解、调解协议之日为结案日；（4）无相关文书的，以义务人开始履行义务之日为结案日；（5）法律援助机构终止法律援助的，以法律援助人员所属单位收到终止法律援助决定函之日为结案日。

除此之外，《全国刑事法律援助服务规范》第 8. 7. 3 条还规定了两种情形下的结案日认定标准：（1）侦查阶段应以承办律师收到起诉意见书或撤销案件的相关法律文书之日为结案日；（2）审查起诉阶段应以承办律师收到起诉书或不起诉决定书之日为结案日。

2. 法律援助人员及时报告的义务。《法律援助条例》第 24 条和《办理法律援助案件程序规定》第 34 条仅对法律援助人员提交材料的义务进行了规定，未涉及法律援助人员的报告义务。根据《全国民事行政法律援助服务规范》《全国刑事法律援助服务规范》的相关规定，法律援助人员应于结案后制作结案报告，填写结案报告表。本条则正式以立法的形式确立了法律援助人员的报告义务，并且提出了“及时”的要求。

关于及时报告对应的报告时限，本条并未作出明确规定。根据《办理法律援助案件程序规定》《全国民事行政法律援助服务规范》《全国刑事法律援助服务规范》，法律援助人员应当在法律援助事项办理结束后 30 日内提交报告和材料。

3. 需要提交的材料。本条规定，法律援助人员应提交有关法律文书的副本或者复印件、办理情况报告等材料。法律援助人员提交的材料能够反映其接受委托办理事项的全过程，法律援助机构可以通过提交的材料了解情况、复查案件、开展考评，司法行政部门则可以通过提交的材料对法律援助机构和人员进行监督管理，确保其依法履行职责。关于提交材料的具体范围，《全国民事行政法律援助服务规范》和《全国刑事法律援助服务规范》进行了相应的规定。《全国民事行政法律援助服务规范》第 7.6.1 条规定，承办人员结案后应填写结案报告表，提交结案报告、承办业务卷和相关结案材料。《全国刑事法律援助服务规范》第 8.7.3 条规定，承办律师结案后应填写结案报告表，提交立卷材料。

关于提交材料的具体格式，《法律援助格式文书》对法律援助案件办理中涉及的文书样式进行了规范，实践中应按此规定执行。

（袁东筱　撰写）

第五章　保障和监督

本章概述

本章共10条，主要规定了实施法律援助的保障和监督制度，在法律援助制度体系中具有重要地位，是法律援助工作健康可持续发展的物质基础和制度保障。具体内容包括法律援助工作的信息化建设（第51条），经费保障（第52条、第53条），人员培训（第54条），信息公开和投诉（第55条、第56条），监督和质量考核、惩戒等（第57条、第58条、第59条、第60条）。与《法律援助条例》相比，除第52条是对原有条文作适当调整，其他条文均为新增内容。相关规定针对我国现有法律援助服务供给不足、保障不充分、质量有待提高、监督不到位的现状，进一步强化了国家、政府在法律援助制度中的责任和职能。通过加强信息化建设，规定法律援助的经费保障措施，落实培训机制，明确受援人的权利，确立司法行政部门投诉查处制度，建立健全质量考核机制、信息公开和接受社会监督等监督措施，全方位保障法律援助高质量发展。这些制度、机制真正落地生根，还需要司法行政部门会同相关部门，根据本地区实际，在具体执行中形成实施细则，进一步细化落实。

第五十一条 【法律援助信息共享和工作协同】国家加强法律援助信息化建设，促进司法行政部门与司法机关及其他有关部门实现信息共享和工作协同。

【立法背景】

党的十八大以来，以习近平同志为核心的党中央高度重视网络强国建设，形成了网络强国战略部署。现代化信息技术成为当代国民经济和社会发展的推进器，也被广泛运用和推广到公共法律服务领域，顺应新一轮科技革命的发展浪潮，充分运用现代化的信息技术，推动法律援助工作信息化建设，有利于提升法律援助工作的规范化、高效化、便利化，推进国家治理体系和治理能力的现代化。2015 年《法律援助制度意见》要求："创新咨询服务方式，运用网络平台和新兴传播工具，提高法律援助咨询服务的可及性。""加大信息技术在法律援助流程管理、质量评估、业绩考核等方面的应用。""加强信息化建设，加大投入力度，改善基层信息基础设施，提升法律援助信息管理水平，实现集援务公开、咨询服务、网上审查、监督管理于一体的网上管理服务，实现与相关单位的信息共享和工作协同。"为加强法律援助信息化建设，司法部全面推广运用中国法律援助信息管理系统，有效提高了法律援助工作信息化水平。当前，掣肘法律援助信息化发展的突出问题是司法行政部门与司法机关及其他部门之间的信息资源共享和交互不畅，不利于降低工作成本和提高工作效率，迫切需要建立健全互联互通的信息化管理平台，实现数据融通和工作协同，进一步提高法律援助工作质效，不断满足新时代人民群众日益增长的法律服务需求。

【条文解读与法律适用】

本条是关于法律援助信息化建设目标要求的规定。法律援助信息化建设的主要功能有以下几个方面。

1. 数据处理和信息管理功能。全国通用的中国法律援助管理信息系统涵盖了法律援助申请的受理、审查、审批、指派、承办、补贴支付等全流程，并具备数据统计、信息报送、来电来访管理等功能，业已实现法律服务信息化办理，有效提高了规范化水平。

2. 在线智能法律援助服务功能。通过信息化网络平台提供多样化的在线法律服务，包括在线咨询、在线受理群众法律援助申请、在线调解、公开信息、受理投诉等。为有法律援助服务需求的群众，特别是交通不便，经济困难的群众提供均等、普惠的法律援助服务。

3. 监督管理功能。通过信息化网络平台对法律援助服务全过程进行实时监督管理。一是通过程序管理提高法律援助工作的规范性和精准性；二是通过大数据统计分析，掌握法律援助工作态势，在合理预判的基础上科学决策；三是进行质量评估考核，促进提高法律援助服务质量的提升。

4. 实现信息共享和工作协同功能。法律援助参与主体多元化，涉及多个机关和部门，有必要通过科学的顶层设计，坚持多元合作的法律援助信息化建设模式，建立统一的信息管理系统。一方面要实现司法行政部门与法院、检察院、公安机关等司法机关的对接；另一方面要实现与民政、工会、妇联、残联等有关部门和组织的对接，各部门之间通力协作，实现信息的共享与交互，加强工作协同，并形成配套协同监管体系。

（曹霞　撰写）

第五十二条 【法律援助补贴】 法律援助机构应当依照有关规定及时向法律援助人员支付法律援助补贴。

法律援助补贴的标准，由省、自治区、直辖市人民政府司法行政部门会同同级财政部门，根据当地经济发展水平和法律援助的服务类型、承办成本、基本劳务费用等确定，并实行动态调整。

法律援助补贴免征增值税和个人所得税。

【立法背景】

长期以来，法律援助经费是制约法律援助工作开展的难题之一。经费保障不足，补贴标准较低，影响了法律援助人员开展法律援助工作的积极性。《法律援助条例》授权省级人民政府司法行政部门会同同级财政部门，根据当地经济发展水平，参考法律援助机构办理各类法律援助案件的平均成本等因素核定法律援助办案补贴标准。2015 年《法律援助制度意见》提出，适当提高办案补贴标准并及时足额支付，建立动态调整机制，明确了中央财政、省级财政的调控功能，并将基本劳务费纳入办案补贴范围。2017 年《律师开展法律援助工作意见》提出，“加强经费保障。完善法律援助经费保障体制，明确经费使用范围和保障标准，确保经费保障水平适应办案工作需要。根据律师承办案件成本、基本劳务费用等因素合理确定律师办案补贴标准并及时足额支付，建立办案补贴标准动态调整机制”。2019 年 2 月 15 日，《法律援助补贴标准指导意见》发布，指导地方合理确定和及时调整法律援助补贴标准。本法总结实践中好的经验做法，遵循“尽力而为、量力而行”的原则，规定了法律援助补贴支付及配套机制，新设支付补贴及时性要求，确立动态调整机制和免征税收机制，必将进一步激励法律援助人员开展法律援助工作的积极性，促进法律援助服务工作质量的提高，保障可持续发展。

【条文解读与法律适用】

本条是关于法律援助补贴制度的规定，涉及支付的主体、要求、标准的确定，并增设了免征税收机制。

一、法律援助补贴支付主体、对象、依据和时限

1. 法律援助机构负责支付法律援助补贴。本法第 12 条规定法律援助机构的职责包括“负责组织实施法律援助工作，受理、审查法律援助申请，指派律师、基层法律服务工作者、法律援助志愿者等法律援助人员提供法律援助，支付法律援助补贴”。本条第 1 款进一步明确法律援助机构是法律援助补贴的支付主体。

2. 法律援助补贴支付对象是法律援助人员。本法第 12 条规定的法律援助人员范围包括律师、基层法律服务工作者、法律援助志愿者。法律援助补贴的支付对象不包括法律援助机构的工作人员。根据《法律援助补贴标准指导意见》，法律援助机构工作人员以及其他具有公职身份的基层法律服务工作者、社会组织人员被安排提供法律援助，是履行职务行为，不应领取补贴，而应按照机关内部财务管理制度，对承办法律援助事项实际产生的费用据实报销。

3. 支付依据。法律援助机构应当依照有关规定支付法律援助补贴，这里“有关规定”的范围主要是部门规章、地方政府规章和其他规范性文件。如《法律援助办案专款管理办法》和《法律援助补贴标准指导意见》。各省、自治区、直辖市也都相应出台了具体规范性文件。

4. 支付时限。本法增设了补贴支付及时性要求，以解决实践中存在的法律援助补贴支付迟延，导致法律援助人员长时间垫付相关费用的问题。实践中，支付时间的确定主要有结案支付和定时支付两种模式。《法律援助条例》第 24 条第 1 款、第 2 款规定：“受指派办理法律援助案件的律师或者接受安排办理法律援助案件的社会组织人员在案件结案时，应当向法律援助机构提交有关的法律文书副本或者复印件以及结案报告等材料。法律援助机构收到前款规定的结案材料后，应当向受指派办理法律援助案件的律师或者接受安排办理法律援助案件的社会组织人员支付法律援助办案补贴。”一些地方性规定多按结案支付模式执行。如 2019 年天津市司法局、天津市财政局联合出台的《天津市法律援助补贴办法》第 14 条规定：“法律援助人员承办法律援助案件，应认真履行法定职责，依法维护受援人合法权益，按照法律援助服务规范，案件办结之日起 30 日内向法律援助机构提交案卷材料，申领补贴。”

还有一种模式是定时结算，如2021年1月山东省司法厅、财政厅联合制定的《关于完善全省法院法律援助补贴标准的实施意见》规定，应按月或季度及时足额支付法律援助补贴。

二、支付标准的制定和调整

1. 标准制定主体。本条第2款延续了《法律援助条例》的规定，授权省级司法行政部门会同同级财政部门核定法律援助办案补贴标准，即地、市和县级财政部门、司法行政部门与法律援助机构无权制定法律援助办案补贴标准。由省级司法行政部门和财政部门联合制定标准，有利于根据本地实际，确定科学的补贴标准，也有利于标准的执行。

2. 标准的决定因素。确定及调整补贴标准的主要因素首先要考虑当地经济发展水平。根据本法第4条、第5条，法律援助经费保障纳入地方国民经济和社会发展规划，列入本级政府预算，由县级以上人民政府承担。故法律援助补贴的标准应根据各地社会经济发展水平确定。其次要综合考虑不同法律援助服务类型成本和劳务费用。法律援助服务形式包括法律咨询、代理、刑事辩护、非诉讼法律事务代理等，不同服务形式的工作量不同，应当适用不同的补贴标准。《法律援助补贴标准指导意见》第3条至第6条规定根据法律援助的不同服务形式，可以分别制定办案补贴标准、值班律师法律帮助补贴标准、法律咨询补贴标准，具体如下：（1）区分法律援助的不同服务形式，根据服务过程中实际产生的差旅费、邮电费、印刷费、调查取证费、翻译费、公证费、鉴定费等因素确定直接费用。差旅费中包含的交通、食宿费用参照党政机关差旅费有关标准予以测算。邮电费、印刷费、调查取证费等由各地结合实际情况确定。翻译费、公证费、鉴定费经法律援助机构核实后予以安排。基本劳务费用根据日平均工资、服务天数等因素确定。其中，日平均工资参照上一年度本地在岗职工年平均工资除以年工作日所得或其一定系数。（2）办案补贴标准，是指办理民事、刑事、行政案件代理或者辩护法律援助案件的补贴标准。民事、刑事、行政法律援助案件以一件代理或者辩护事项为一件案件，根据承办同类法律援助案件平均耗费的天数，按件计算。同一事项处于不同阶段法律程序的，每一阶段按一件案件计算。同一案件有2个以上受援人的，以相应案件补贴标准为基数，适当增加补贴。（3）值班律师法律帮助补贴标准，是指法律援助机构派驻在人民法院、人民检察院、看守所的值班律师，为没有辩护人的犯罪嫌疑人、刑事被告人提供法律咨询、转交法律援助申请等法律帮助的补贴标准，按工作日计算。值班律师为认罪认罚案件的犯罪嫌疑人、被告人提供法律帮助的补贴标准，由各地结合本地实际情况按件或者按工作日计算。（4）法律咨询补贴标准，是指提供接待来访、接听电话、在线解答咨询服务的补贴标准，按工作日计算。（5）地方法律援助法规规章规定的其他服务形式的法律援助事项补贴标准，由各地结合本地实际情况，参照确定。

3. 动态调整。建立健全法律援助补贴标准动态调整机制。各地经济发展水平和办案成本处于变化过程中，补贴标准也不能长期一成不变。法律援助事项直接费用、基本劳务费用等发生较大变化时，应当及时调整法律援助补贴标准。使其不断适应当地的经济发展水平和办案成本，保持办案补贴标准的科学性。

三、免征税收规定

本条第 3 款是在立法草案征求意见过程中增设的内容。立法过程中，有建议提出法律援助是政府责任，法律援助补贴性质主要是法律服务成本的部分补偿，远低于代理案件的费用，与法律援助人员实际付出不成比例，对法律援助补贴征税会挫伤律师参与法律援助工作的积极性，因而不应征税。立法机关考虑到法律援助的公益性补贴费用不属于经营所得，采纳了该建议，对法律援助补贴不再征收增值税和个人所得税。

（曹霞　撰写）

第五十三条 【对受援人、法律援助人员的费用减免】人民法院应当根据情况对受援人缓收、减收或者免收诉讼费用；对法律援助人员复制相关材料等费用予以免收或者减收。

公证机构、司法鉴定机构应当对受援人减收或者免收公证费、鉴定费。

【立法背景】

法律援助是国家为经济困难公民和符合法定条件的其他当事人无偿提供法律服务的制度。保障确有困难的群众也能享受到必要的法律服务，是关系到人权保障和民生领域的重大问题。我国法律援助制度实施以来，根据国际惯例，对于相关费用采取减收与免收相结合的办法。《法律援助制度意见》要求“完善公证处、司法鉴定机构依法减免相关费用制度，并加强工作衔接”，“法院、检察院、公安机关要为法律援助办案工作提供必要支持，进一步完善民事诉讼和行政诉讼法律援助与诉讼费用减免缓制度的衔接机制”。在司法实践中，对于相关费用减免制度已较为成熟。本法吸收现有规定和做法，将人民法院诉讼费用缓、减、免和公证费、鉴定费的减收、免收纳入法律援助的范围，完善了法律援助费用减免制度。

【条文解读与法律适用】

本条是关于对受援人和法律援助人员缓减免相关费用的规定，缓减免的对象包括受援人和法律援助人员，缓减免的费用类型涉及诉讼费用和公证费、鉴定费。

一、人民法院诉讼费用的缓收、减收和免收

2005 年《司法救助规定》第 5 条规定：“人民法院对当事人司法救助的请求，经审查符合本规定第三条所列情形的，立案时应准许当事人缓交诉讼费用。”该规定允许受援人缓交诉讼费用。《民事诉讼法律援助工作规定》第 9 条规定：“人民法院依据法律援助机构给予法律援助的决定，准许受援的当

事人司法救助的请求的，应当根据《司法救助规定》第五条的规定，先行对当事人作出缓交诉讼费用的决定，待案件审结后再根据案件的具体情况，按照《司法救助规定》第六条的规定决定诉讼费用的负担。”第10条规定：“人民法院应当支持法律援助机构指派或者安排的承办法律援助案件的人员在民事诉讼中实施法律援助，在查阅、摘抄、复制案件材料等方面提供便利条件，对承办法律援助案件的人员复制必要的相关材料的费用应当予以免收或者减收，减收的标准按复制材料所必须的工本费用计算。”2013年《刑事诉讼法律援助工作规定》第20条规定：“人民检察院、人民法院应当对承办律师复制案卷材料的费用予以免收或者减收。”2014年《国家赔偿法律援助工作意见》规定人民法院对法律援助人员复制相关材料的费用，应当予以免收。

综上，人民法院对于符合条件的受援人，根据情况实行诉讼费用的缓收、减收、免收；对于法律援助人员，免收或减收复制案件材料费用，其中国家赔偿案件复制材料费用应当免收。

二、公证费、鉴定费的减收和免收

1. 公证费的减收和免收。《公证法》和《公证程序规则》均规定，对符合法律援助条件的当事人，公证机构应当按照规定减收或者免收公证费。实践中，一些地区据此作出细化规定，如《云南省公证法律援助工作暂行办法》直接规定开展公证法律援助工作应当遵守相关法律法规，坚持依法、便民、免费的原则。

2. 鉴定费的减收和免收。关于司法鉴定费用的减收和免收，司法部现无明文规定。2009年《司法鉴定收费管理办法》第17条规定：“符合法律援助条件的受援人，凭法律援助机构提供的有效证明，申请司法鉴定的，司法鉴定机构按照有关规定减收或者免收受援人的司法鉴定费用。对于不符合法律援助条件，但确有困难的，司法鉴定机构可以酌情减收或者免收相关的司法鉴定费用。”此后，司法鉴定的收费标准由省、自治区、直辖市人民政府价格主管部门会同同级司法行政部门制定，上述收费管理办法已经失效。实践中各地做法不一。如《江苏省法律援助条例》第36条规定，受援人申请鉴定的，应当减收、免收或者缓收鉴定费。《浙江省法律援助条例》第23条则规定，对于法律援助案件鉴定费用先行缓收，待结案后根据裁决结果由当事人承担。本条对于公证费、鉴定费援助方式未规定缓收，而是直接明确公证机构、司法鉴定机构应当对受援人减收或者免收公证费、鉴定费。需要强调的是，与诉讼费用减免不同，无需考虑具体情况，只要对象为受援人一律减免。

（曹霞 撰写）

第五十四条　【法律援助人员培训】县级以上人民政府司法行政部门应当有计划地对法律援助人员进行培训，提高法律援助人员的专业素质和服务能力。

【立法背景】

本法实施的关键在于建设一支高质量的法律援助队伍。我国法律援助供给主体多元化，法律援助人员具有多样性和广泛性，包括法律援助管理者、律师和基层法律工作者，也包括其他社会组织工作的人员、高校学生和各种法律援助志愿者，其专业素质和能力决定了法律援助的质量，直接影响到人民群众合法权益的保障。上述人员的专业知识背景和实践经验各不相同，需要根据其从事的法律援助工作类型，开展针对性培训，帮助提高法律援助人员专业素质和服务能力，以提高法律援助服务质量，有效维护人民群众的合法权益。

关于法律援助人员培训，先后多个规定中均有涉及。2004 年《律师和基层法律服务工作者开展法律援助工作办法》第 4 条规定："律师和基层法律服务工作者承办法律援助案件，应当接受司法行政机关、律师协会和法律援助机构的业务指导和监督，接受受援人和社会的监督。"《法律援助工作意见》要求"加强法律援助队伍思想政治、业务能力和工作作风建设，加大培训力度，建立健全学习、实践和交流机制，提高广大法律援助人员群众工作能力、维护社会公平正义能力、新媒体时代舆论引导能力、科技信息化应用能力和拒腐防变能力"。《法律援助制度意见》提出"加强教育培训工作，加大培训教材、师资、经费等投入，完善培训体系和工作机制，提高法律援助人员专业素质和服务能力"。在此基础上，本法从法律层面确定了法律援助人员培训制度，凸显了这项工作的重要意义。

【条文解读与法律适用】

本条规定了开展法律援助培训工作的主体和要求。

一、法律援助培训的主体

根据本条规定，县级以上人民政府司法行政部门负责组织法律援助培训。国务院司法行政部门，省、市、县各级人民政府，作为培训工作的主体，需要依法加强法律援助培训工作。

二、法律援助培训的要求

1. 突出培训的计划性。本条针对法律援助人员多样性、广泛性的特点，强调开展培训的计划性。各级人民政府司法行政部门需要根据工作要求，结合本地工作实际，制订常态化的法律援助人员培训计划，兼顾培训的系统性和针对性，统筹安排教材、师资、经费等投入，完善培训体系和工作机制，增强培训工作实效。

2. 提高法律援助人员专业素质和服务能力。一是提升专业知识和能力。不同类型的法律援助工作需要不同的专业知识和能力。司法行政机关要加强分类指导。例如，对于基层司法所工作人员、社会团体、事业单位的法律援助工作者，应当加强对法律援助的基本理论、特殊群体权益保障的法律规定和法律援助案件的受理范围、条件、程序等基本知识的培训。对于承办案件代理、辩护职责的律师和基层法律服务工作者，则要针对专业化较强的法律援助案件，加强相关法律规定和办案技能的培训。二是强化以人民为中心的法律援助理念，提升服务意识和能力。法律援助工作具有较强的公益性，要引导广大法律援助人员坚持以人民为中心，强化服务意识，注重法律援助质量，有力维护困难群众和特殊类型案件当事人的合法权益。三是提高法律援助人员综合能力。加强群众工作能力、新媒体时代舆论引导能力、科技信息化应用能力和拒腐防变能力。

3. 加强对经济欠发达地区和律师资源短缺地区法律援助人员培训工作的支持。根据《法律援助工作意见》，要加强对经济欠发达地区和律师资源短缺地区法律援助人员培训工作的支持，在课程设置、人员名额等方面充分考虑这些地区的实际需求，促进提高法律援助服务水平。

（曹霞　撰写）

第五十五条 【受援人知情权、投诉权及请求更换权】受援人有权向法律援助机构、法律援助人员了解法律援助事项办理情况；法律援助机构、法律援助人员未依法履行职责的，受援人可以向司法行政部门投诉，并可以请求法律援助机构更换法律援助人员。

【立法背景】

受援人的知情权、投诉权等权利是在法律援助工作发展进程中逐渐形成的。受援人接受法律援助服务，和法律援助人员形成委托代理关系，在接受法律援助过程中，为保障自身权益，依法应当享有知情权、投诉权和对不履职法律援助人员的更换权。明确受援人的三大权利，确立受援人投诉救济机制，堪称本法的一大亮点。

【条文解读与法律适用】

本条规定了受援人的权利，包括知情权、投诉权、请求变更权。

1. 知情权。本法第 3 条规定，法律援助工作遵循公开、公平、公正的原则。赋予受援人知情权是落实公正原则的必然要求，也是本条规定的投诉权和请求更换权的基础，在过去的实践中，多个地方性法规较早明确了受援人的知情权。如江苏、浙江的法律援助条例均规定，受援人在法律援助过程中有权了解法律援助活动（案件）的进展情况。本法吸纳了地方立法经验，作出了统一规定，受援人可以向法律援助机构、法律援助人员了解法律援助事项的办理情况。当然，如果受援人为无民事行为能力人或限制民事行为能力人的，其法定代理人可以代为了解情况。相应法律援助机构或法律援助人员则负有告知义务，报告事项进展状况，需要处理的问题等。本法第 46 条规定“法律援助人员应当按照规定向受援人通报法律援助事项办理情况，不得损害受援人合法权益”则是进一步强化了本条规定。

2. 投诉权。本条赋予受援人投诉权，针对法律援助机构或法律援助人员违反法定职责的行为，可以行使投诉权。本法第 19 条、第 20 条、第 21 条分别规定："法律援助人员应当依法履行职责，及时为受援人提供符合标准的法律援助服务，维护受援人的合法权益。""法律援助人员应当恪守职业道德和执业纪律，不得向受援人收取任何财物。""法律援助机构、法律援助人员对提供法律援助过程中知悉的国家秘密、商业秘密和个人隐私应当予以保密。"第 46 条规定："法律援助人员接受指派后，无正当理由不得拒绝、拖延或者终止提供法律援助服务。法律援助人员应当按照规定向受援人通报法律援助事项办理情况，不得损害受援人合法权益。"对于存在上述情形的，受援人有权向司法部门投诉，维护自身合法权益。

3. 请求变更权。在法律援助机构或法律援助人员未依法履行法定职责的情况下，本条赋予受援人投诉权的同时，进一步赋予其救济权，即请求法律援助机构更换法律援助人员的权利。本条对受援人申请更换后的处理程序未作明确。《办理法律援助案件程序规定》第 32 条规定："受援人有证据证明法律援助人员不依法履行义务的，可以请求法律援助机构更换法律援助人员。法律援助机构应当自受援人申请更换之日起 5 个工作日内决定是否更换。决定更换的，应当另行指派或者安排人员承办。对犯罪嫌疑人、被告人具有应当指定辩护的情形，人民法院、人民检察院、公安机关决定为其另行指定辩护人的，法律援助机构应当另行指派或者安排人员承办。更换法律援助人员的，原法律援助人员所属单位应当与受援人解除或者变更委托代理协议，原法律援助人员应当与更换后的法律援助人员办理案件材料移交手续。"

（曹霞　撰写）

第五十六条　【法律援助工作投诉查处制度】 司法行政部门应当建立法律援助工作投诉查处制度；接到投诉后，应当依照有关规定受理和调查处理，并及时向投诉人告知处理结果。

【立法背景】

本条是关于投诉查处制度的规定。建立投诉查处制度，进一步畅通投诉查处渠道，规范投诉查处程序，既是保障法律援助申请人、受援人、利害关系人合法权利，督促法律援助机构、律师事务所、基层法律服务所、其他社会组织以及法律援助人员提供高质量法律援助服务的现实需要，也是司法行政部门依法履行调查、监督、处理职责的必然要求。

2013 年司法部出台《法律援助投诉处理办法》，在全国正式建立了投诉查处制度，对投诉人、投诉对象、投诉事项以及投诉受理机构、调查处理、回复程序等均作了规定。2015 年《法律援助制度意见》要求完善法律援助投诉处理制度，进一步规范投诉事项范围、程序和处理反馈工作，提高投诉处理工作水平。为贯彻落实中央文件精神，提高法律援助服务水平，保障权利人合法权益，本条明确司法行政部门应当建立法律援助工作投诉查处制度。

【条文解读与法律适用】

一、司法行政部门负有建立法律援助工作投诉查处制度的职责

本法第 5 条第 1 款规定："国务院司法行政部门指导、监督全国的法律援助工作。县级以上地方人民政府司法行政部门指导、监督本行政区域的法律援助工作。"第 12 条的规定："县级以上人民政府司法行政部门应当设立法律援助机构。法律援助机构负责组织实施法律援助工作，受理、审查法律援助申请，指派律师、基层法律服务工作者、法律援助志愿者等法律援助人员提供法律援助，支付法律援助补贴。"因此，司法行政部门是建立法律援助工作投诉查处制度的责任部门。

二、投诉人、被投诉人、投诉事项的范围

1. 投诉人的范围。根据《法律援助投诉处理办法》第 2 条的规定，投诉人包括法律援助申请人、受援人或者利害关系人。实践中，受援人受制于被羁押或者年龄、智力等客观原因，往往不能亲自向司法行政部门投诉，因此，将投诉人的范围扩大至法律援助申请人、利害关系人，有利于进一步发挥投诉查处制度的作用，更好地保障权利人的合法权益。

2. 被投诉人的范围。根据《法律援助投诉处理办法》第 2 条规定，被投诉人包括法律援助机构、律师事务所、基层法律服务所、其他社会组织和法律援助人员。同时，本法第六章也规定了上述主体的法律责任。

3. 投诉事项。是被投诉人在法律援助活动中的违法违规行为。其中，本法第 61 条列明了法律援助机构拒绝为符合法律援助条件的人员提供法律援助，或者故意为不符合法律援助条件的人员提供法律援助等七类违法违规行为；第 62 条列明了律师事务所、基层法律服务所纵容或者放任本所律师、基层法律服务工作者怠于履行法律援助义务或者擅自终止提供法律援助等四类违法违规行为，其他社会组织在提供法律援助服务过程中如果存在类似违法违规行为的，也应在投诉范围内；第 63 条列明了律师、基层法律服务工作者无正当理由拒绝履行法律援助义务或者怠于履行法律援助义务等五类违法违规行为，其他法律援助人员存在类似违法违规行为的，也应在投诉范围内。

三、投诉查处及告知程序

1. 审核、受理。根据《法律援助投诉处理办法》第 6 条的规定，投诉人原则上以书面形式提出投诉，确有困难的，可以口头提出，司法行政机关应当当场记录投诉人的基本情况、投诉请求、主要事实、理由和时间，并由投诉人签字或者捺印。同时，《法律援助投诉处理办法》第 8 条规定了投诉受理的条件：（1）具有投诉人主体资格；（2）有明确的被投诉人和投诉请求；（3）有具体的投诉事实和理由；（4）属于本机关管辖范围；（5）属于本办法规定的投诉事项范围。司法行政部门收到投诉后，应当填写法律援助投诉登记表，在 5 个工作日内审核并作出是否受理的书面答复。

2. 调查处理。司法行政部门应当对受理的投诉事项进行全面、客观、公正的调查核实，调查方式包括：要求被投诉人说明情况、提交有关材料，调阅被投诉人有关业务案卷和档案材料，向有关单位、个人核实情况、收集证据，听取有关部门的意见和建议。根据调查结果，投诉事项查证属实的，视违规违法行为的性质、情节及危害后果等，按照《法律援助投诉处理办法》第 14 条及本法第六章的相关规定，给予相应的处理；投诉事项查证不实或者无法查实的，不予处理。

3. 及时告知。为保障投诉人合法权益免受侵犯，司法行政部门应当及时处理并告知投诉人，受理投诉后，一般应当在 45 日内办结，并自作出处理决定之日起 5 个工作日内，向投诉人发送投诉处理答复书。

（占书鑫　撰写）

第五十七条 【法律援助服务的监督、服务质量标准和考核】司法行政部门应当加强对法律援助服务的监督，制定法律援助服务质量标准，通过第三方评估等方式定期进行质量考核。

【立法背景】

本条是关于法律援助服务的监督、服务质量标准和考核的规定。服务质量是法律援助工作的生命线，直接关系到人民群众合法权益能否得到充分保障，向人民群众提供更高质量的法律援助服务是法律援助工作的不懈追求。因此，司法行政部门应当加强对法律援助服务质量的监督，而制定规范化、标准化的质量标准，依法、公正、公开开展质量考核评估，是评价、督促、激励法律援助人员勤勉履职，提供更高质量法律援助服务的重要保障。《公共法律服务体系建设意见》要求构建公共法律服务评价指标体系。《法律援助制度意见》强调把“推进法律援助标准化建设”作为提高法律援助质量的一项重要措施，要求制定民事行政法律援助质量标准。鉴于此，本条规定司法行政部门应当加强法律援助服务质量监督，制定服务质量标准，组织开展质量考核。

【条文解读与法律适用】

一、司法行政部门负有法律援助服务监督职责

司法行政部门是法律援助工作的主管部门，负有指导、监督法律援助工作的职责，而对法律援助服务的监督，是司法行政部门履行主管职责的重要内容。当然，法律援助服务监督还要实行分工负责、相互配合的原则，即司法行政部门负责和指导本辖区法律援助服务的监督工作，法律援助机构负责法律援助个案服务的监督。其他司法机关、律师协会、公证协会等行业协会应当对法律援助服务监督工作予以积极配合。

二、法律援助服务质量标准的具体内容

法律援助服务质量标准，是指法律援助工作的服务内容、服务程序、服

务结果的质量标准体系。建立一套全面、细致、客观、规范的质量标准，既是科学开展质量考核的前提，也是依法履行监督、处理职责的基础。本法出台之前，司法部已经逐步开展此项工作。为规范刑事法律援助和民事行政法律援助服务质量，司法部分别制定了《全国刑事法律援助服务规范》《全国民事行政法律援助服务规范》，对刑事以及民事、行政法律援助服务的服务原则、服务类型以及服务质量提出了明确要求，设定了实体标准和程序标准，既是法律援助人员提供服务的标准，也是司法行政机关履行监督职责的重要依据。同时，近年来，不少地区都制定了法律援助服务质量标准和评估标准的相关规范性意见，如《浙江省法律援助案件质量标准化管理规定》《重庆市法律援助服务质量标准（试行）》《河北省刑事法律援助案件质量标准》《江苏省法律援助案件质量评估规范》等。当然，随着人民群众对法律援助服务的需求不断扩大，法律援助的范围也不再局限于各类案件的辩护或代理，本法第22条罗列了七项法律援助服务内容。今后，司法行政部门将会加快推进法律援助服务质量的标准化建设。

三、法律援助服务质量考核的主体及方式

1. 考核主体。法律援助服务质量究竟如何，人民群众是否满意，最后还需要进行客观考核。作为主管、监督部门，司法行政部门责无旁贷，是考核主体。

2. 考核方式。法律援助服务内容专业化程度较高，为保证考核的客观、公正，建立第三方评估机制是最为合适的方式。该第三方评估机构应由专业评估人员组成，且与被评估对象所涉各方无利害关系，根据法律援助服务质量标准，按照科学的评估规则和方法，依法规范、独立开展评估，并对评估结论负责。当然，法律援助服务质量考核方式，包括但不限于第三方评估，司法行政部门应根据工作实际，坚持目标导向、问题导向、效果导向，采取多样化、针对性强的质量考核方式。

（占书鑫　撰写）

第五十八条 【法律援助信息公开制度】 司法行政部门、法律援助机构应当建立法律援助信息公开制度，定期向社会公布法律援助资金使用、案件办理、质量考核结果等情况，接受社会监督。

【立法背景】

本条是关于援务公开的规定。援务公开，是政府信息公开的一种，目的是依法公开法律援助相关内容，充分保障人民群众知情权、广泛接受社会监督，以不断提高法律援助服务质量。2012 年《办理法律援助案件程序规定》要求法律援助机构公示办公地址、通信方式等信息，在接待场所和司法行政政府网站上公示法律援助条件、程序、申请材料目录和申请示范文本等，通过公示方便公民寻求、申请法律援助。2013 年《法律援助工作意见》强调“推行援务公开，建立法律援助民意沟通机制，主动接受社会监督”。2014 年《国家赔偿法律援助工作意见》对援务公开主要采取宏观与微观结合、点面结合的方式进行了规定。2015 年《法律援助制度意见》第三次强调要推进援务公开制度。2020 年《法律援助值班律师工作办法》第 27 条对法律援助工作站运行要求作出规定。本条根据上述规范性意见，结合法律援助工作实际，对援务公开进行了规定。

【条文解读与法律适用】

一、建立法律援助信息公开制度

法律援助信息公开是政府信息公开的一种，负有公开职责的应是政府部门，具体为司法行政部门和法律援助机构，而建立法律援助信息公开制度，也要符合政府信息公开制度要求。根据《政府信息公开条例》相关规定，行政机关公开信息，应当坚持以公开为原则、不公开为例外，遵循公正、公平、合法、便民的原则，主动接受社会监督。

要建立法律援助信息公开制度。第一，必须建立科学完备的法律援助信息收集管理制度，根据信息涉及的私人利益、公共利益、国家利益等进行区别管理；第二，必须明确依法公开的信息内容和范围，对拟公开的信息进行相关性分析，排除与利益维护无关的因素，既要保障人民群众的知情权，也要保护相关当事人的隐私；第三，必须明确信息公开程序，对于主动公开的信息，应当建立规范的审核、发布程序，对于依申请公开的信息，应当明确申请的接受主体、方式、审核及回复方式、期限等；第四，必须借助信息化赋能作用，构建科学、便民的公开方式；第五，必须设立畅通的意见反馈渠道，保障信息公开效果。

二、法律援助信息公开的内容

1. 法律援助资金使用情况。法律援助资金是法律援助机构履行职责的重要条件，也是法律援助服务质量的重要保障。本法第 4 条规定，县级以上人民政府应当将法律援助相关经费列入本级政府预算，建立动态调整机制，保障法律援助工作需要，促进法律援助均衡发展。法律援助资金的使用应当公开透明，专款专用，并对其严格监管。本法第 61 条规定，法律援助机构及其工作人员侵占、私分、挪用法律援助经费的，应当给予相应处分，承担相应责任。因此，法律援助资金的使用情况，是援务信息公开的主要内容，以充分接受社会监督，保障法律援助资金依法、规范使用。

2. 案件办理、质量考核结果情况。根据本法第 57 条的规定，司法行政部门应当制定法律援助服务质量标准，定期进行质量考核。法律援助服务是否符合质量标准，质量考核结果如何，与公民和有关当事人的合法权益能否得到有效救济息息相关，因此，属于援务信息公开的重要内容。通过公开此类信息，一方面有利于当事人及时了解法律援助服务案件的办理情况，以维护自身合法权益；另一方面也有利于法律援助提供方广泛接受社会监督，不断提高服务能力和服务质量。

3. 其他需要公开的信息。为保障人民群众合法权益，不断满足人民群众对法律援助服务的需求，本法对法律援助的范围和对象均作了扩展，而不同主体面对不同案件时对信息公开的需求亦不同。随着法律援助工作的不断发展，人民群众需要公开的信息范围亦将不断扩大，因此，除了上述两项重要信息外，其他与人民群众合法权益相关的信息，司法行政部门和法律援助机构亦应依法规范公开。

（占书鑫　撰写）

第五十九条 【法律援助服务质量督促】 法律援助机构应当综合运用庭审旁听、案卷检查、征询司法机关意见和回访受援人等措施，督促法律援助人员提升服务质量。

【立法背景】

本条是关于法律援助机构督促法律援助人员提升服务质量的规定。关于法律援助机构的督促措施，之前已有相关规定。2013 年《法律援助工作意见》指出，"综合运用案件质量评估、案卷检查、当事人回访等措施强化案件质量管理，努力为受援人提供优质高效的法律援助"。2014 年《国家赔偿法律援助工作意见》明确法律援助机构"根据国家赔偿案件特点完善办案质量监督管理机制，综合运用案件质量评估、案卷检查评比、回访赔偿请求人等方式开展质量监管，重点加强对重大疑难复杂案件办理的跟踪监督，促进提高办案质量。人民法院发现法律援助人员有违法行为或者损害赔偿请求人利益的，要及时向法律援助机构通报有关情况，督促法律援助人员依法依规办理案件"。2015 年《法律援助制度意见》要求"完善服务质量监管机制，综合运用质量评估、庭审旁听、案卷检查、征询司法机关意见和受援人回访等措施强化案件质量管理。加大信息技术在法律援助流程管理、质量评估、业绩考核等方面的应用"。本条是对以上文件的具体落实和细化。

【条文解读与法律适用】

一、法律援助机构负有督促法律援助人员提升法律援助服务质量的职责

根据本法第 57 条规定，司法行政部门应当加强对法律援助服务的监督，而法律援助机构系县级以上人民政府司法行政部门设立，负责组织实施法律援助工作，理应协助司法行政部门开展监督工作。根据分工负责、相互配合的原则，司法行政部门负责和指导本辖区法律援助服务的监督工作，法律援助机构负责法律援助个案服务的监督。

二、具体督促措施

1. 庭审旁听、案卷检查。庭审旁听和案卷检查是法律援助机构获取法律援助质量信息的重要途径。第一，庭审旁听属于事中监督。法律援助人员是否勤勉履职，是否具备扎实的法律功底和娴熟的庭审技巧，是否对案件有深入的了解，都可以通过庭上的表现直观地传达出来。庭审旁听主要考察和判断法律援助人员的承办态度，对证据的调查判断、案件事实的掌握了解、法律规定的分析运用等庭审表现情况。第二，案卷检查属于事后监督。法律援助案卷，是指法律援助机构在组织开展法律援助活动中形成的各类材料。法律援助机构应当制定案卷所需的材料目录模板和材料制作标准，法律援助人员在办结法律援助案件后，应当按照要求及时将材料送交法律援助机构办理归档手续，由法律援助机构统一管理，并对案卷进行检查，综合判断法律援助服务的质量。

2. 征询司法机关意见。法律援助服务是否专业、中肯，对受援人的帮助作用如何，司法机关在办案过程中能够直接感知和判断。同时，司法机关也负有协助司法行政部门开展法律援助服务监督的职责。因此，对于法律援助人员提供服务的情况，应当征询人民法院、人民检察院、公安机关等办案机关的意见，相关司法机关也应全面、客观地向法律援助机构反映情况，以督促法律援助人员不断提升服务质量。

3. 回访受援人。受援人是法律援助服务的接受方，他们的评价无疑是获取服务质量信息来源最直接、内涵最丰富的途径。获得受援人的肯定也是提高服务质量的动力，有助于实现努力让人民群众在每一个司法案件中感受到公平正义的目标。根据本法第 55 条规定，法律援助机构、法律援助人员未依法履行职责的，受援人可以向司法行政部门投诉。同时，本条规定了法律援助信息公开制度，便于受援人及时全面了解法律援助信息，也有利于受援人及时提出意见。关于回访方式，包括电话回访、上门回访、发放问卷调查等。关于回访的内容，包括法律援助人员的服务态度、勤勉尽职情况、业务能力水平以及是否存在违法违规行为等。

（占书鑫　撰写）

第六十条 【律师事务所、律师履行法律援助义务的年度考核】 律师协会应当将律师事务所、律师履行法律援助义务的情况纳入年度考核内容，对拒不履行或者怠于履行法律援助义务的律师事务所、律师，依照有关规定进行惩戒。

【立法背景】

本条是关于律师协会对律师事务所、律师法律援助服务情况考核及惩戒的规定。关于律师协会对律师事务所、律师履行法律援助义务进行考核和惩戒，我国之前亦有相关规定。2004 年《律师和基层法律服务工作者开展法律援助工作办法》第 15 条第 1 款规定："律师和律师事务所有违反《法律援助条例》等有关法律、法规以及本办法规定行为的，由司法行政机关、律师协会依照有关规定给予行政处罚或者行业处分。"2012 年《办理法律援助案件程序规定》第 37 条规定，律师事务所和法律援助人员从事法律援助活动违反本规定的，依法追究法律责任。2017 年《律师开展法律援助工作意见》提出，"律师协会应当在律师事务所检查考核及律师执业年度考核中将律师履行法律援助义务情况作为重要考核依据。鼓励有行业影响力的优秀律师参与法律援助工作"。本条在前述规定基础上，明确律师协会的考核、惩戒职责，以督促律师事务所、律师不断提升服务质量。

【条文解读与法律适用】

1. 律师协会负有考核律师事务所、律师履行法律援助义务的职责。律师协会是由律师、律师事务所组成的社会团体法人，是律师自律组织，对律师的执业活动负有考核职责。律师事务所及律师是提供法律援助服务的重要力量，依法提供法律援助服务是律师事务所及律师的义务，也是其执业活动的重要内容之一。因此，律师协会应当将律师事务所、律师履行法律援助义务的情况纳入年度考核内容。

2. 考核内容。根据《律师执业年度考核规则》第 8 条的规定，"律师履行法律援助义务，参加社会服务及其他社会公益活动的情况”是律师协会考核内容之一。法律援助服务考核应当包含考核服务的数量和质量。《律师参与公益法律服务的意见》明确“每名律师每年参与不少于50个小时的公益法律服务或者至少办理2件法律援助案件”，同时本法亦规定了司法行政部门应当制定法律服务质量标准，并对法律援助服务进行考核，律师协会也应采取多种方式，并与司法行政部门、司法机关各司其职、强化协作，依法履行好考核职责。

3. 惩戒措施。本条所称“有关规定”，散见于《律师协会会员违规行为处分规则》等规定。其中《律师协会会员违规行为处分规则》第22条规定：“提供法律服务不尽责，具有以下情形之一的，给予训诫、警告或者通报批评的纪律处分；情节严重的，给予公开谴责、中止会员权利三个月以上一年以下或者取消会员资格的纪律处分：……（三）无正当理由拒绝接受律师事务所或者法律援助机构指派的法律援助案件的，或者接受指派后，拖延、懈怠履行或者擅自停止履行法律援助职责的，或者接受指派后，未经律师事务所或者法律援助机构同意，擅自将法律援助案件转交其他人员办理的……”第39条规定：“律师事务所疏于管理，具有下列情形之一的，给予警告、通报批评或者公开谴责的纪律处分；情节严重的，给予中止会员权利一个月以上六个月以下的纪律处分；情节特别严重的，给予取消会员资格的纪律处分：……（八）律师事务所无正当理由拒绝接受法律援助机构指派的法律援助案件；或者接受指派后，不按规定及时安排本所律师承办法律援助案件或者拒绝为法律援助案件的办理提供条件和便利的……”

（占书鑫　撰写）

第六章　法律责任

本章概述

本章共7条，主要是对法律责任的规定。本章分别对法律援助机构及其工作人员、律师事务所、基层法律服务所、律师、基层法律服务工作者、受援人、冒用法律援助名义提供法律服务的机构和个人、国家机关及其工作人员等违反本法规定，应当承担的行政责任、经济责任和刑事责任等进行了规范，与本法前五章内容形成义务与责任的统一。

第六十一条　【法律援助机构及其工作人员的法律责任】 法律援助机构及其工作人员有下列情形之一的，由设立该法律援助机构的司法行政部门责令限期改正；有违法所得的，责令退还或者没收违法所得；对直接负责的主管人员和其他直接责任人员，依法给予处分：

（一）拒绝为符合法律援助条件的人员提供法律援助，或者故意为不符合法律援助条件的人员提供法律援助；

（二）指派不符合本法规定的人员提供法律援助；

（三）收取受援人财物；

（四）从事有偿法律服务；

（五）侵占、私分、挪用法律援助经费；

（六）泄露法律援助过程中知悉的国家秘密、商业秘密和个人隐私；

（七）法律法规规定的其他情形。

【立法背景】

本条是关于法律援助机构及其工作人员承担法律责任的规定，主要包括追究法律责任的主体、承担法律责任的方式以及追究法律责任的情形。本条较 2003 年《法律援助条例》第 26 条作了一定修改。主要修改有：其一，将《法律援助条例》第 26 条两款合并为一款，在法条首部即明确了限期改正、责令退还或者没收违法所得、对直接负责的主管人员以及其他直接责任人员依法给予处分等追究法律责任的方式。其二，将追究责任的情形进一步完善。本条将追究责任的情形进一步完善，由四项增加为七项：（1）在第 1 项两种情形中，将“拒绝为符合法律援助条件的人员提供法律援助”作为第一种情形，在第二种“为不符合法律援助条件的人员提供法律援助”情形中增加了“故意”两字。修改后，两种情形逻辑上更加顺畅，尤其是第二种情形，对不符合法律援助条件的人员提供法律援助服务应具备主观故意，排除了实践中因申请人刻意隐瞒导致审查通过或客观上无法查证等过失或无过错情形，体现了违法行为与法律责任相适应的原则。（2）将“办理法律援助案件收取财物”更改为“收取受援人财物”。（3）新增了第2项、第6项和第7项。以上表述的变更在逻辑和涵盖范围上更为周延。同时，本条的变更也与本法第13条、第26条、第43条、第44条等法条进行了呼应。

【条文解读与法律适用】

一、追究法律责任的主体

本条明确追究法律责任的主体是设立相关法律援助机构的司法行政部门。较之《法律援助条例》，本条赋予了设立法律援助机构的司法行政部门依法追究相关法律责任的权力，也是司法行政部门对其设立的法律援助机构负有的监督管理职责。

二、追究法律责任的方式

本条明确了追究法律责任的三种方式，分别是责令限期改正、责令退还或者没收违法所得、给予处分。其中，责令限期改正、责令退还或者没收违法所得针对的是法律援助机构及工作人员，给予处分针对的是直接负责的主管人员和其他直接责任人员。

三、追究法律责任的情形

1. 拒绝为符合法律援助条件的人员提供法律援助，或者故意为不符合法律援助条件的人员提供法律援助。本法第43条规定了法律援助机构对法律援助申请进行审查的具体程序，第44条规定了可以先行提供法律援助的三类情形。法律援助机构应在法定期限内对法律援助申请进行审核，并作出是否给予法律援助的决定。拒绝为符合法律援助条件的人提供法律援助或者故意为不符合法律援助条件的人员提供法律援助的，均应承担相应的法律责任。此处应当注意的是，为不符合法律援助条件的人员提供法律援助的，并不当然承担法律责任，此次立法专门强调了为不符合法律援助条件的人员提供法律援助具有主观故意的，才承担法律责任。对于实践中法律援助申请人故意捏造可以申请法律援助的事实导致审核通过，或者因客观原因对申请人法律援助申请无法查实等情形，法律援助机构及其工作人员不承担法律责任。

2. 指派不符合本法规定的人员提供法律援助。本项为新增项。法律援助人员应当具备一定的资质和条件。本法第13条、第16条、第17条明确了可以提供法律援助的人员是具有律师资格或者法律职业资格的工作人员，主要包含律师事务所、基层法律服务所、律师、基层法律服务工作者以及从事法学教育、研究工作的人员和法学专业学生等法律援助志愿者。以上人员还要受《律师法》《基层法律服务工作者管理办法》《志愿服务条例》等法律法规的约束。

3. 收取受援人财物。县级以上人民政府将法律援助相关经费列入本级政府预算，同时，由法律援助机构支付给提供法律援助的法律援助人员法律援助补贴。作为法律援助机构及其工作人员，应当恪守法律法规和工作纪律，不得向受援人收取任何财物。收取受援人财物的，应承担相应法律责任。

4. 从事有偿法律服务。法律援助是国家为经济困难公民和符合法定条件的其他当事人无偿提供法律咨询、代理、刑事辩护等法律服务，是公共法律服务体系的组成部分，具有无偿性、公益性等特点。本项与第3项的区别在于本项是规定法律援助机构及其工作人员在法律援助全过程中不得收取费用，不得从事有偿服务，而第3项则侧重于不得收取受援人的财物。

5. 侵占、私分、挪用法律援助经费。法律援助经费由县级以上人民政府列入本级政府预算，并由法律援助机构进行发放。法律援助经费是保障法律援助工作顺利运转的基础，应当专款专用。对于侵占、私分、挪用法律援助经费的，应当依法追究责任。

6. 泄露法律援助过程中知悉的国家秘密、商业秘密和个人隐私。本项为新增项。根据本法第21条的规定，法律援助机构、法律援助人员对提供法律援助过程中知悉的国家秘密、商业秘密和个人隐私应当予以保密。这也是从事法律援助工作的应有之义和法律援助人员应当恪守的职业道德和职业纪律。

7. 法律法规规定的其他情形。本项为新增项，也是兜底项。对除以上六项之外，需要承担法律责任的事项进行兜底，使需要追究法律责任的情形更加周延。

（刘璇　撰写）

第六十二条 【律师事务所、基层法律服务所的法律责任】律师事务所、基层法律服务所有下列情形之一的，由司法行政部门依法给予处罚：

（一）无正当理由拒绝接受法律援助机构指派；

（二）接受指派后，不及时安排本所律师、基层法律服务工作者办理法律援助事项或者拒绝为本所律师、基层法律服务工作者办理法律援助事项提供支持和保障；

（三）纵容或者放任本所律师、基层法律服务工作者怠于履行法律援助义务或者擅自终止提供法律援助；

（四）法律法规规定的其他情形。

【立法背景】

本条是关于律师事务所、基层法律服务所在法律援助活动中依法接受处罚的情形的规定，主要明确了实施处罚的主体以及依法应当给予处罚的四种情形。本条较《法律援助条例》第 27 条变化很大：（1）对象范围上有所扩大，《法律援助条例》第 27 条接受处罚的对象只有律师事务所，本条规定增加了基层法律服务所这一对象；（2）司法行政部门依法可以做出处罚的情形更加具体，由“拒绝法律援助机构的指派，不安排本所律师办理法律援助案件”一种情形，增加为四种情形；（3）对处罚方式作概括规定，《法律援助条例》第 27 条规定了警告、责令改正以及 1 个月以上 3 个月以下停业整顿的处罚方式，本条仅明确由司法行政部门依法给予处罚。

【条文解读与法律适用】

本条明确了实施处罚的主体与接受处罚的主体，其中实施处罚的主体为司法行政部门，接受处罚的主体为法律事务所和基层法律服务所。根据本法相关规定，律师事务所、基层法律服务所应当支持和保障本所律师、基层法律服务工作者履行法律援助义务。律师事务所、基层法律服务所、律师、基层法律服务工作者负有依法提供法律援助的义务。因此，本条接受处罚的主体涵盖了法律事务所、基层法律服务所。

1. 无正当理由拒绝接受法律援助机构指派。较之《法律援助条例》第 27 条，本项明确只有在无正当理由拒绝接受法律援助机构指派时，才承担相应的责任。本项规定更符合实际情况。对实践中确有正当理由，比如重疾等情况无法提供法律援助的，相关人员不应承担责任。

2. 接受指派后，不及时安排本所律师、基层法律服务工作者办理法律援助事项或者拒绝为本所律师、基层法律服务工作者办理法律援助事项提供支持和保障。本项含两项内容：一是与《法律援助条例》第 27 条相比，本条对不安排本所律师、基层法律服务工作者办理法律援助事务接受处罚增设了时间前提，即“不及时”。实践中存在律师事务所无故拖延指派，损害法律援助申请人权益的情况。二是新增了律师事务所、基层法律服务所拒绝为本所律师、基层法律服务工作者办理法律援助事项提供支持和保障的情形。根据本法第 16 条第 2 款的规定，律师事务所、基层法律服务所负有支持和保障本所律师、基层法律服务工作者履行法律援助的义务。如违反该义务，应承担相应的处罚。

3. 纵容或者放任本所律师、基层法律服务工作者怠于履行法律援助义务或者擅自终止提供法律援助。律师事务所、基层法律服务所、律师、基层法律服务工作者负有依法提供法律援助的义务。法律援助人员应当依法履行职责，及时为受援人提供符合标准的法律援助服务，维护受援人的合法权益。如律师、基层法律服务工作者怠于履行法律援助义务或擅自终止提供法律援助，所在的律师事务所、基层法律服务所纵容或者放任这种情况的，应当承担相应的处罚。

4. 需要注意的问题。《法律援助条例》第 27 条规定了警告、责令改正、给予 1 个月以上 3 个月以下停业整顿的处罚等处罚方式。虽然本条对处罚方式仅作了概括规定，但事实上是丰富了处罚的方式。本条相应的处罚方式应参照其他的规定，比如根据《律师法》第 50 条的规定，律师事务所拒绝履行法律援助义务的，由司法行政部门视其情节给予警告、停业整顿 1 个月以上 6 个月以下的处罚，可以处 10 万元以下的罚款；有违法所得的，没收违法所得；情节特别严重的，由省、自治区、直辖市人民政府司法行政部门吊销律师事务所执业证书。可以看出，针对不同情形，处罚方式也更加多样。

（刘璇　撰写）

第六十三条 【律师、基层法律服务工作者的法律责任】律师、基层法律服务工作者有下列情形之一的，由司法行政部门依法给予处罚：

（一）无正当理由拒绝履行法律援助义务或者怠于履行法律援助义务；

（二）擅自终止提供法律援助；

（三）收取受援人财物；

（四）泄露法律援助过程中知悉的国家秘密、商业秘密和个人隐私；

（五）法律法规规定的其他情形。

【立法背景】

本条是关于律师、基层法律服务工作者在法律援助活动中依法接受处罚的情形的规定，明确了实施处罚的主体以及依法应当给予处罚的五种情形。本条较《法律援助条例》第 28 条变化较大：（1）接受处罚的主体有所扩大，增加了基层法律服务工作者这一处罚对象；（2）司法行政部门可以依法作出处罚的情形增加，由两种增加为四种；（3）对处罚方式仅作概括规定，《法律援助条例》第 28 条规定警告、责令改正、1 个月以上 3 个月以下停止执业以及责令退还违法所得的财物、并处所收财物价值 1 倍以上 3 倍以下的罚款，本条仅明确由司法行政部门依法给予处罚。

【条文解读与法律适用】

本条明确了实施处罚的主体为司法行政部门，接受处罚的主体为律师、基层法律服务工作者。根据本法相关规定，律师事务所、基层法律服务所、律师、基层法律服务工作者负有依法提供法律援助的义务。因此，本条接受处罚主体涵盖了律师、基层法律服务工作者。

1. 无正当理由拒绝履行法律援助义务或者怠于履行法律援助义务。与

《法律援助条例》第 28 条第 1 款第 1 项相比，本项规定对“无正当理由拒绝接受”进行了修改，并将“擅自终止法律援助案件”作为第 2 项，使立法更加严谨，涵盖范围也更加广泛。律师、基层法律服务工作者负有依法提供法律援助的义务，应当及时履行职责，为受援人提供符合标准的法律援助服务，并切实维护受援人的合法权益。律师、基层法律服务工作者无正当理由不得拒绝或怠于履行法律援助义务，否则应承担相应的法律后果。

2. 擅自终止提供法律援助。法律援助人员接受指派后，应当善始善终完成法律援助工作，无正当理由不得拒绝、拖延或者终止提供法律援助服务。这是法律援助人员应当履行的法定义务。擅自终止提供法律援助，应当承担相应的法律后果。

3. 收取受援人财物。较之《法律援助条例》，本项明确了是收取受援人的财物。这与《律师法》以及《律师和律师事务所违法行为处罚办法》“私自接受委托、收取费用，接受委托人财物或者其他利益”“向法律援助受援人索要费用或者接受受援人的财物或者其他利益”的规定呼应。法律援助制度的设立，是国家为经济困难和符合法定条件的当事人无偿提供法律咨询、代理、刑事辩护等法律服务的制度，是公共法律服务体系的一部分。法律援助相关经费由县级以上人民政府纳入本级政府预算，并由法律援助机构进行发放。因此，受援人在法律援助过程中不需要支付费用，法律援助工作者也不应当收取受援人的财物。

4. 泄露法律援助过程中知悉的国家秘密、商业秘密和个人隐私。法律援助工作虽然具有无偿性，但法律援助工作人员在法律援助工作中仍负有保守知悉的国家秘密、商业秘密和个人隐私的一般性义务。如有泄露，应承担相应的法律责任。

5. 法律法规规定的其他情形。本项为新增内容，也为兜底条款。对实践中可能存在的除以上四种情形之外需要依法给予处罚的情形进行兜底。

《法律援助条例》第 28 条规定了警告、责令改正、1 个月以上 3 个月以下停止执业以及责令退还违法所得的财物、并处所收财物价值 1 倍以上 3 倍以下的罚款等处罚方式。与本法第 62 条相似，虽然本条对处罚方式仅作了概括规定，但事实上丰富了处罚的方式，同时也避免了与其他法律规定的法律责任冲突。本条相应的处罚方式应参照《律师法》《律师和律师事务所违法行为处罚办法》等法律、部门规章的规定。比如，根据《律师法》对律师泄露商业秘密或者个人隐私与泄露国家秘密作了不同层级的处罚规定。泄露商业秘密或者个人隐私的，由设区的市级或者直辖市的区人民政府司法行政部门给予警告，可以处一万元以下的罚款；有违法所得的，没收违法所得；情节严重的，给予停止执业三个月以上六个月以下的处罚。泄露国家秘密的，由设区的市级或者直辖市的区人民政府司法行政部门给予停止执业六个月以上一年以下的处罚，可以处五万元以下的罚款；有违法所得的，没收违法所得；情节严重的，由省、自治区、直辖市人民政府司法行政部门吊销其律师执业证书；构成犯罪的，依法追究刑事责任。同时，对于律师多次出现同一类型的错误的，作了加重处罚的规定。比如，《律师法》第 51 条规定，律师因违反《律师法》规定，在受到警告处罚后一年内又发生应当给予警告处罚情形的，由设区的市级或者直辖市的区人民政府司法行政部门给予停止执业三个月以上一年以下的处罚；在受到停止执业处罚期满后二年内又发生应当给予停止执业处罚情形的，由省、自治区、直辖市人民政府司法行政部门吊销其律师执业证书。

（刘璇　撰写）

第六十四条　【受援人的法律责任】受援人以欺骗或者其他不正当手段获得法律援助的，由司法行政部门责令其支付已实施法律援助的费用，并处三千元以下罚款。

【立法背景】

本条是关于受援人法律责任的规定，明确了实施处罚主体、受援人接受处罚的情形以及具体法律责任等内容。本条为新增条款。《法律援助条例》未对受援人的法律责任进行规范。但实践中，确实存在不符合条件的公民基于各种目的，通过伪造材料、贿赂工作人员、说情打招呼等方式以欺骗或其他不正当手段获取法律援助，扰乱了公共法律服务秩序，浪费了公共法律服务资源。此类受援人应当承担相应的法律责任。

【条文解读与法律适用】

本条明确了对受援人实施处罚的主体是司法行政部门。本条主要针对的责任主体为受援人。主要是两类情形，一是以欺骗方式获得法律援助，比如伪造法律援助申请人经济状况证明表、城市居民最低生活保障证或者居民最低生活保障证明、农村特困户救助证、农村“五保户”供养证、因自然灾害等原因导致生活出现暂时困难正在接受政府临时救助的证明材料等，或者骗取相关机关为法律援助申请人经济状况证明表加盖公章等。根据《办理法律援助案件程序规定》，有权为法律援助申请人经济状况证明表加盖公章的单位是法律援助地方性法规、规章规定的有权出具经济困难证明的机关、单位，地方性法规、规章没有规定的，由住所地或者经常居住地的村民委员会、居民委员会或者所在单位加盖公章。二是以其他不正当手段获得法律援助，比如通过贿赂工作人员或向相关工作人员说情打招呼等方式获取法律援助。

出现本条情形的，司法行政部门应责令受援人支付已实施法律援助的费用，并处三千元以下罚款。按照《办理法律援助案件程序规定》，法律援助工作人员发现以上情况的，应向法律援助机构报告，并终止法律援助行为。实践中，还存在另外一种情形，即受援人最初符合申请法院援助条件，但在接受法律援助过程中不再符合法律援助经济困难标准的，法律援助人员亦应当向法律援助机构报告。法律援助机构经审查核实，决定终止法律援助的，应当制作终止法律援助决定书，并发送受援人，同时函告法律援助人员所属单位和有关机关、单位。法律援助人员所属单位应当与受援人解除委托代理协议。

（刘璇 撰写）

第六十五条　【冒用法律援助名义提供法律服务并谋利的法律责任】 违反本法规定，冒用法律援助名义提供法律服务并谋取利益的，由司法行政部门责令改正，没收违法所得，并处违法所得一倍以上三倍以下罚款。

【立法背景】

本条是关于冒用法律援助名义并谋取利益应承担的法律责任的规定，明确了实施处罚的主体、应予处罚的情形以及具体法律责任。本条为新增条款。主要是针对实践中具有法定法律援助资格之外的主体以法律援助名义谋取利益的行为，比如不具有律师资格的人以律师名义实施法律援助并从中牟利等行为。这些行为扰乱了公共法律服务秩序，损害了受援人合法权益，对国家机关的公信力造成负面影响，应当予以打击。

【条文解读与法律适用】

本条明确实施处罚的主体是司法行政部门。本条主要针对的责任主体为不具有法定法律援助资格的主体。根据本法相关规定，律师事务所、基层法律服务所、律师、基层法律服务工作者负有依法提供法律援助的义务，高等院校、科研机构的人员和法学专业学生可以作为法律援助志愿者，在司法行政部门指导下，为当事人提供法律咨询、代拟法律文书等法律援助行为。工会、共产主义青年团、妇女联合会、残疾人联合会等群团组织开展法律援助工作的，可以参照本法相关规定。除以上机构和人员外，其他单位冒用法律援助名义提供法律服务并谋取利益的，应承担相应的责任。本条规定的应予处罚的行为应同时具有冒用法律援助名义提供法律服务和谋取利益两个行为。如仅仅是冒用法律援助名义提供法律服务，不受本条约束。

出现本条情形的，司法行政部门应责令相关机构或人员改正，没收违法所得，并处违法所得一倍以上三倍以下罚款。需要注意的是，责令改正、没收违法所得与罚款是并处的强制性处罚措施，而非选择性处罚措施。

（刘璇　撰写）

第六十六条　【国家机关及其工作人员渎职的责任】 **国家机关及其工作人员在法律援助工作中滥用职权、玩忽职守、徇私舞弊的，对直接负责的主管人员和其他直接责任人员，依法给予处分。**

【立法背景】

本条是关于国家机关及其工作人员在法律援助工作中法律责任的规定，明确了责任主体、依法给予处分的情形以及法律责任。较之《法律援助条例》第 30 条，本条有三个变化：一是将责任主体由“司法行政部门”扩大至“国家机关及其工作人员”；二是将给予处分的情形由“滥用职权、玩忽职守”扩大至“滥用职权、玩忽职守、徇私舞弊”三类情形；三是仅保留行政处分的法律责任，将刑事责任追究单列，放在本法第 67 条。

【条文解读与法律适用】

1. 责任主体。本条的责任主体是国家机关及其工作人员。关于责任主体需要注意两个方面：一是本条责任主体主要是与法律援助工作相关的国家机关及其工作人员。根据本法相关规定，县级以上人民政府、国务院司法行政部门、县级以上地方人民政府司法行政部门以及其他部门、人民法院、人民检察院、公安机关等在各自职责范围内从事与法律援助相关的工作。本条规定将《法律援助条例》第 30 条责任主体作了扩大解释，符合法律援助工作实际，有利于保障法律援助工作顺利开展。二是在国家机关及其工作人员出现本条规定依法给予处罚的情形时，接受处罚的是负责的主管人员和其他直接责任人员。

2. 依法给予处罚的情形。根据本条规定，在法律援助工作中滥用职权、玩忽职守、徇私舞弊的，应承担相应责任。其中，滥用职权是指具有相应职权的国家机关及其工作人员，基于非正当目的，不正当行使职权的行为。比如，人民法院、人民检察院、公安机关为不符合法律援助条件的犯罪嫌疑人、被告人指派律师进行辩护。玩忽职守是指国家机关及其工作人员对工作严重不负责任，不履行或不正确履行应负的职责，致使公共财产、国家和人民的利益遭受损失的行为。比如司法行政部门不履行对本行政区域内法律援助工作的指导、监督工作，导致本行政区域内的法律援助工作混乱，损害了受援人合法权益。徇私舞弊是指国家机关及其工作人员利用职务上的便利和权力，谋取不正当利益的行为。比如相关人员将不符合法律援助条件的人员纳为法律援助人员。

3. 法律责任。本条规定的是“依法给予处分”，并未规定刑事责任。因本条针对的是国家机关及其工作人员，因此，具体处分应参照《公务员法》《监察法》《法官法》《检察官法》等法律的规定。

（刘璇　撰写）

第六十七条 【刑事责任】违反本法规定，构成犯罪的，依法追究刑事责任。

【立法背景】

本条是关于刑事责任追究的规定。本条是由《法律援助条例》第30条单列，在行文上既避免其他涉及法律责任的条文中重复这一内容，又使立法内容更加严密，涵盖了本法中所有可能涉嫌犯罪的行为。本条旨在打击扰乱法律援助秩序的犯罪，保障法律援助工作顺利开展，维护社会公共法律服务秩序和法律权威。

【条文解读与法律适用】

1. 责任主体。根据本法规定，司法行政部门、县级以上人民政府以及其他有关部门、人民法院、人民检察院、公安机关、律师协会、新闻媒体、律师事务所、基层法律服务所、律师、基层法律服务工作者以及法律援助志愿者等主体，在法律援助过程中违反规定，并构成犯罪的，均应依法追究刑事责任。

2. 法律责任。本条应依照《刑法》《律师法》《法官法》《检察官法》《人民警察法》等法律规定进行处理。

（刘璇 撰写）

第七章　附　　则

本章概述

附则部分共4条，分别对群团组织开展法律援助的法律适用，对外国人、无国籍人提供法律援助，对军人军属提供法律援助的具体规定以及施行日期进行了规定。

第六十八条　【群团组织开展法律援助的法律适用】 工会、共产主义青年团、妇女联合会、残疾人联合会等群团组织开展法律援助工作，参照适用本法的相关规定。

【立法背景】

本条是关于群团组织开展法律援助的法律适用的规定。关于群团组织开展法律援助，此前的《法律援助条例》第 8 条规定，国家支持和鼓励社会团体、事业单位等社会组织利用自身资源为经济困难的公民提供法律援助。这一倡导性规定并未明确群团组织开展法律援助的法律适用问题，对于机构人员、适用对象、适用范围、适用程序以及法律责任等更未提及。实践中，工会、共产主义青年团、妇女联合会、残疾人联合会等群团组织开展法律援助工作的规范散见于这些群团组织的相关规范性文件中。法律援助工作是民生工程，一般情况下，法律援助是由司法行政机关设立的法律援助机构根据当事人的申请，指派律师或安排本机构人员为符合援助条件的公民提供法律援助，但从实践需求来看，这一渠道力量相对有限。为进一步扩大法律援助覆盖领域和范围，增强服务保障能力，就需要调动社会更多的力量参与到这一工作中来。群团组织在国家治理体系中发挥着重要作用，能够成为提供法律援助的重要补充和延伸力量，可以在一定程度上缓解政府法律援助长期以来面临的人力、物力不足问题。因此，本条以参照适用的方式对群团组织法律援助活动的法律适用作出了规定。

【条文解读与法律适用】

本条的适用需重点关注以下三个方面的问题。

1. 参照性。根据《立法技术规范（试行）（一）》的规定，“‘参照’一般用于没有直接纳入法律调整范围，但是又属于该范围逻辑内涵自然延伸的事项”。也就是说，参照意味着逻辑内涵自然延伸，相同情况相同处理。当参照对象与被参照对象具有相似情形时，一般应参照适用，否则不予适用。

2. 参照适用范围广泛。明确参照适用的范围既包括本法关于法律援助工作的一般性、总体性规定，也包括本法关于法律援助形式、范围、程序和实施等方面的具体性规定。这有利于群团组织结合各自的工作职责和实际情况，充分发挥自身优势，确定法律援助工作的原则、对象、程序和方法等。工会、共产主义青年团、妇女联合会、残疾人联合会等群团组织开展的法律援助也各有侧重，覆盖社会领域不同的主体，涉及不同的社会关系，法律援助的标准设定也有所不同。

3. 工作指导和监督。群团组织开展法律援助工作要接受司法行政部门的指导和监督。本法第 5 条第 1 款规定，国务院司法行政部门指导、监督全国的法律援助工作。县级以上地方人民政府司法行政部门指导、监督本行政区域的法律援助工作。因此，本条在对群团法律援助工作明确法律参照适用，赋予其灵活性和创新性可能的同时，也意味着司法行政部门对群体组织的法律援助工作提供指导、推动规范化建设，以此促进群团组织的法律援助和司法行政部门开展的法律援助相得益彰、优势互补、共同促进。

（杜月秋　撰写）

第六十九条 【对外国人和无国籍人提供法律援助的法律适用】对外国人和无国籍人提供法律援助，我国法律有规定的，适用法律规定；我国法律没有规定的，可以根据我国缔结或者参加的国际条约，或者按照互惠原则，参照适用本法的相关规定。

【立法背景】

本条是对外国人和无国籍人提供法律援助的法律适用的规定。《法律援助条例》未作出相关规定，本条系新增条文。此前，关于外国人、无国籍人是否可以获得法律援助，理论界尚未形成统一的观点。在法律援助业务实践中，对外国人法律援助的做法是以刑事诉讼援助为原则，民事诉讼和行政诉讼援助要以我国与外国公民所属国之间存在司法协助协议为前提。[①] 也有观点提出，随着我国经济实力的增强和国际形象的提高，从提升我国文化软实力（赋予外国人、无国籍人法律援助对象资格有利于改善我国整体法律文化环境）的角度考虑，应当赋予外国人、无国籍人法律援助的对象资格，使他们成为我国法律援助的对象。本法将外国人、无国籍人纳入法律援助对象范围，但与本国公民相区别，在三种情形下即我国法律有规定或者根据我国缔结、参加的有关国际条约，或者按照互惠原则为其提供法律援助服务。

【条文解读与法律适用】

一、我国法律有规定的，适用法律规定

这一规定表明对外国人或无国籍人提供法律援助的法律渊源形式之一首先是我国法律。目前，我国涉及外国人、无国籍人法律问题的法律主要有《刑事诉讼法》《民事诉讼法》以及本法。《刑事诉讼法》第 17 条第 1 款规定："对于外国人犯罪应当追究刑事责任的，适用本法的规定。"同时，第 35 条规定，犯罪嫌疑人、被告人因经济困难或者其他原因没有委托辩护人的，本人及其近亲

---

① 姜学琳、苏振良：《我国现行法律援助对象、范围和形式之问题探讨》，载《中国司法》2001 年第 4 期。

属可以向法律援助机构提出申请。犯罪嫌疑人、被告人是盲、聋、哑人，或者是尚未完全丧失辨认或者控制自己行为能力的精神病人，或者可能被判处无期徒刑、死刑，没有委托辩护人的，人民法院、人民检察院和公安机关应当通知法律援助机构指派律师为其提供辩护。第 36 条还规定，其还可以依法获得值班律师的法律帮助。最高人民法院就上述法律的适用作了进一步解释。2021 年《刑诉法解释》第 478 条规定，在刑事诉讼中，外国籍当事人享有我国法律规定的诉讼权利并承担相应义务。同时规定，外国籍被告人没有委托辩护人的，人民法院可以通知法律援助机构为其指派律师提供辩护。被告人拒绝辩护人辩护的，应当由其出具书面声明，或者将其口头声明记录在案。被告人属于应当提供法律援助情形的，依照该解释的有关规定处理。

《民事诉讼法》第 5 条规定："外国人、无国籍人、外国企业和组织在人民法院起诉、应诉，同中华人民共和国公民、法人和其他组织有同等的诉讼权利义务。外国法院对中华人民共和国公民、法人和其他组织的民事诉讼权利加以限制的，中华人民共和国人民法院对该国公民、企业和组织的民事诉讼权利，实行对等原则。"

二、我国法律没有规定的，可以根据国际条约或者按照互惠原则处理

外国人、无国籍人获得法律援助除了根据我国法律之外，还可以根据我国缔结或参加的国际条约、互惠原则。将互惠原则作为我国确认外国人、无国籍人获得法律援助的渊源依据之一，符合当前国际法发展的方向。根据这一原则，只要外国法院或者组织在法律援助问题上不对我国公民加以限制，我国也应对该国公民提供法律援助。此外，由于外国人、无国籍人与我国公民除国籍外，在需要法律援助的情形上并无本质差别，因此在根据我国缔结的国际条约或根据互惠原则这两种情形下，直接参照适用本法，不再另行制定专门条款，这样也可以实现节约立法资源的目的。

总之，明确外国人、无国籍人获得法律援助的法律适用问题，既满足了我国在国际社会交往中的需要，体现了主权国家对待人权保障的基本立场和态度，同时也完善了法律援助规范体系的内容，规范了法律援助秩序，有利于实现法律面前人人平等。

（杜月秋　撰写）

第七十条 【对军人军属提供法律援助办法的制定】 对军人军属提供法律援助的具体办法，由国务院和中央军事委员会有关部门制定。

【立法背景】

本条是关于制定对军人军属提供法律援助具体办法的规定。《法律援助条例》未作出相关规定，本条系新增条文。现有关于军人军属法律援助问题的规定主要是2014年9月发布的《军人军属法律援助工作意见》及2016年9月司法部和中央军委政法委员会联合制定的《军人军属法律援助工作实施办法》。在本法制定过程中，有意见提出应当结合国务院、中央军委有关文件的实施情况和成功经验，对军人军属法律援助有关问题作出原则性、指导性规定。后经深入研究，在本法的附则部分作出授权性规定，既肯定了已有的制度成果，同时为下一步国务院和中央军委根据本法规定以及中央有关文件精神等制定具体办法提供法律依据。

【条文解读与法律适用】

本条之所以授权国务院和中央军事委员会有关部门对军人军属提供法律援助的具体办法进行规定，主要基于以下几点考虑。

1. 军人军属法律援助工作具有重要意义。军人群体工作任务繁重，工作条件艰苦，除法律专业人员外，军人对法律知识关注不多，出现涉法问题后一般没有能力也没有精力处理。党的十八大以来，以习近平同志为核心的党中央提出统筹推进“五位一体”总体布局、协调推进“四个全面”战略布局、实现党在新形势下的强军目标等重大战略思想，作出一系列重大决策部署。贯彻落实全面依法治国方略，深入推进依法治军从严治军，对进一步加强军人军属法律援助工作也提出了更高的要求。同时，随着经济社会的转型发展以及社会利益关系的深刻调整变化，社会主体间的矛盾纠纷包括军人军属涉法问题也日益增多，矛盾的复杂性加剧，解决的难度也愈益加大。因此，解决军人军属涉法问题、做好军人军属法律援助工作，关乎军人军属切身利益，关乎国防和军队建设，关乎社会和谐稳定，对于增强部队凝聚力战斗力具有重要意义。

2. 军人军属群体具有一定的特殊性。根据《军人军属法律援助工作实施办法》的规定，“军人”是指现役军（警）官、文职干部、士兵以及具有军籍的学员。军队中的文职人员、非现役公勤人员、在编职工，由军队管理的离退休人员，以及执行军事任务的预备役人员和其他人员按军人对待。“军属”是指军人的配偶、父母、子女和其他具有法定抚养关系的近亲属，烈士、因公牺牲军人、病故军人的遗属按军属对待。军人肩负着捍卫国家主权、安全、发展利益和保卫人民的神圣职责和使命，是捍卫国家主权的坚强力量和中国特色社会主义现代化建设的重要力量。军人、军人家庭为国家的国防和军队建设作出了奉献和牺牲，为充分保障军人军属的权益，宪法和《国防法》《兵役法》《军人地位和权益保障法》《军人抚恤优待条例》等法律法规明确规定国家和社会应当优待军人军属。

3. 军人军属法律援助工作受到双重领导。在一般意义上，法律援助工作由政府主导，但是军人军属群体不同于普通公民，对军人军属的法律援助还应受中央军委的管理。因此，本条明确对军人军属提供法律援助的具体办法由国务院和中央军事委员会有关部门制定。

（杜月秋　撰写）

第七十一条 【实施日期】本法自 2022 年 1 月 1 日起施行。

【立法背景】

法律的施行日期是每部法律必不可少的组成部分，一般都规定在法律的最后一条，用以明确法律自何时起正式实施。

【条文解读与法律适用】

本条是关于施行日期的规定。在我国的法律文本中，对于法律生效日期的表述用语主要有生效、施行、实施和试行四种，都是指法律开始施行并发生法律效力的日期，本法中采用的表述为“施行”。法律的施行时间一般需要根据法律的性质和实际情况等综合确定，主要有三种：一是自法律公布之日起施行；二是法律另行明确一个具体施行时间；三是法律公布后待符合一定条件时施行。本法采用的是第二种形式，即明确“本法自 2022 年 1 月 1 日起施行”。本法于 2021 年 8 月 20 日公布，为正式施行预留了 100 天左右的时间，有助于社会各界提前对本法进行宣传、学习、理解，有助于国务院及相关部门、单位为法律的正式实施做好相应的配套及准备工作。

（杜月秋　撰写）

附　录

中华人民共和国法律援助法

（2021年8月20日第十三届全国人民代表大会常务委员会第三十次会议通过　2021年8月20日中华人民共和国主席令第93号公布　自2022年1月1日起施行）

目　　录

第一章　总　　则

第一条　为了规范和促进法律援助工作，保障公民和有关当事人的合法权益，保障法律正确实施，维护社会公平正义，制定本法。

第二条　本法所称法律援助，是国家建立的为经济困难公民和符合法定条件的其他当事人无偿提供法律咨询、代理、刑事辩护等法律服务的制度，是公共法律服务体系的组成部分。

第三条　法律援助工作坚持中国共产党领导，坚持以人民为中心，尊重和保障人权，遵循公开、公平、公正的原则，实行国家保障与社会参与相结合。

第四条　县级以上人民政府应当将法律援助工作纳入国民经济和社会发

展规划、基本公共服务体系，保障法律援助事业与经济社会协调发展。

县级以上人民政府应当健全法律援助保障体系，将法律援助相关经费列入本级政府预算，建立动态调整机制，保障法律援助工作需要，促进法律援助均衡发展。

第五条 国务院司法行政部门指导、监督全国的法律援助工作。县级以上地方人民政府司法行政部门指导、监督本行政区域的法律援助工作。

县级以上人民政府其他有关部门依照各自职责，为法律援助工作提供支持和保障。

第六条 人民法院、人民检察院、公安机关应当在各自职责范围内保障当事人依法获得法律援助，为法律援助人员开展工作提供便利。

第七条 律师协会应当指导和支持律师事务所、律师参与法律援助工作。

第八条 国家鼓励和支持群团组织、事业单位、社会组织在司法行政部门指导下，依法提供法律援助。

第九条 国家鼓励和支持企业事业单位、社会组织和个人等社会力量，依法通过捐赠等方式为法律援助事业提供支持；对符合条件的，给予税收优惠。

第十条 司法行政部门应当开展经常性的法律援助宣传教育，普及法律援助知识。

新闻媒体应当积极开展法律援助公益宣传，并加强舆论监督。

第十一条 国家对在法律援助工作中做出突出贡献的组织和个人，按照有关规定给予表彰、奖励。

第二章 机构和人员

第十二条 县级以上人民政府司法行政部门应当设立法律援助机构。法律援助机构负责组织实施法律援助工作，受理、审查法律援助申请，指派律师、基层法律服务工作者、法律援助志愿者等法律援助人员提供法律援助，支付法律援助补贴。

第十三条 法律援助机构根据工作需要，可以安排本机构具有律师资格或者法律职业资格的工作人员提供法律援助；可以设置法律援助工作站或者联络点，就近受理法律援助申请。

第十四条 法律援助机构可以在人民法院、人民检察院和看守所等场所派驻值班律师，依法为没有辩护人的犯罪嫌疑人、被告人提供法律援助。

第十五条 司法行政部门可以通过政府采购等方式，择优选择律师事务所等法律服务机构为受援人提供法律援助。

第十六条 律师事务所、基层法律服务所、律师、基层法律服务工作者负有依法提供法律援助的义务。

律师事务所、基层法律服务所应当支持和保障本所律师、基层法律服务工作者履行法律援助义务。

第十七条 国家鼓励和规范法律援助志愿服务；支持符合条件的个人作为法律援助志愿者，依法提供法律援助。

高等院校、科研机构可以组织从事法学教育、研究工作的人员和法学专业学生作为法律援助志愿者，在司法行政部门指导下，为当事人提供法律咨询、代拟法律文书等法律援助。

法律援助志愿者具体管理办法由国务院有关部门规定。

第十八条 国家建立健全法律服务资源依法跨区域流动机制，鼓励和支持律师事务所、律师、法律援助志愿者等在法律服务资源相对短缺地区提供法律援助。

第十九条 法律援助人员应当依法履行职责，及时为受援人提供符合标准的法律援助服务，维护受援人的合法权益。

第二十条 法律援助人员应当恪守职业道德和执业纪律，不得向受援人收取任何财物。

第二十一条 法律援助机构、法律援助人员对提供法律援助过程中知悉的国家秘密、商业秘密和个人隐私应当予以保密。

第三章 形式和范围

第二十二条 法律援助机构可以组织法律援助人员依法提供下列形式的法律援助服务：

（一）法律咨询；

（二）代拟法律文书；

（三）刑事辩护与代理；

（四）民事案件、行政案件、国家赔偿案件的诉讼代理及非诉讼代理；

（五）值班律师法律帮助；

（六）劳动争议调解与仲裁代理；

（七）法律、法规、规章规定的其他形式。

第二十三条　法律援助机构应当通过服务窗口、电话、网络等多种方式提供法律咨询服务；提示当事人享有依法申请法律援助的权利，并告知申请法律援助的条件和程序。

第二十四条　刑事案件的犯罪嫌疑人、被告人因经济困难或者其他原因没有委托辩护人的，本人及其近亲属可以向法律援助机构申请法律援助。

第二十五条　刑事案件的犯罪嫌疑人、被告人属于下列人员之一，没有委托辩护人的，人民法院、人民检察院、公安机关应当通知法律援助机构指派律师担任辩护人：

（一）未成年人；

（二）视力、听力、言语残疾人；

（三）不能完全辨认自己行为的成年人；

（四）可能被判处无期徒刑、死刑的人；

（五）申请法律援助的死刑复核案件被告人；

（六）缺席审判案件的被告人；

（七）法律法规规定的其他人员。

其他适用普通程序审理的刑事案件，被告人没有委托辩护人的，人民法院可以通知法律援助机构指派律师担任辩护人。

第二十六条　对可能被判处无期徒刑、死刑的人，以及死刑复核案件的被告人，法律援助机构收到人民法院、人民检察院、公安机关通知后，应当指派具有三年以上相关执业经历的律师担任辩护人。

第二十七条　人民法院、人民检察院、公安机关通知法律援助机构指派律师担任辩护人时，不得限制或者损害犯罪嫌疑人、被告人委托辩护人的权利。

第二十八条　强制医疗案件的被申请人或者被告人没有委托诉讼代理人的，人民法院应当通知法律援助机构指派律师为其提供法律援助。

第二十九条 刑事公诉案件的被害人及其法定代理人或者近亲属，刑事自诉案件的自诉人及其法定代理人，刑事附带民事诉讼案件的原告人及其法定代理人，因经济困难没有委托诉讼代理人的，可以向法律援助机构申请法律援助。

第三十条 值班律师应当依法为没有辩护人的犯罪嫌疑人、被告人提供法律咨询、程序选择建议、申请变更强制措施、对案件处理提出意见等法律帮助。

第三十一条 下列事项的当事人，因经济困难没有委托代理人的，可以向法律援助机构申请法律援助：

（一）依法请求国家赔偿；

（二）请求给予社会保险待遇或者社会救助；

（三）请求发给抚恤金；

（四）请求给付赡养费、抚养费、扶养费；

（五）请求确认劳动关系或者支付劳动报酬；

（六）请求认定公民无民事行为能力或者限制民事行为能力；

（七）请求工伤事故、交通事故、食品药品安全事故、医疗事故人身损害赔偿；

（八）请求环境污染、生态破坏损害赔偿；

（九）法律、法规、规章规定的其他情形。

第三十二条 有下列情形之一，当事人申请法律援助的，不受经济困难条件的限制：

（一）英雄烈士近亲属为维护英雄烈士的人格权益；

（二）因见义勇为行为主张相关民事权益；

（三）再审改判无罪请求国家赔偿；

（四）遭受虐待、遗弃或者家庭暴力的受害人主张相关权益；

（五）法律、法规、规章规定的其他情形。

第三十三条 当事人不服司法机关生效裁判或者决定提出申诉或者申请再审，人民法院决定、裁定再审或者人民检察院提出抗诉，因经济困难没有委托辩护人或者诉讼代理人的，本人及其近亲属可以向法律援助机构申请法律援助。

第三十四条 经济困难的标准，由省、自治区、直辖市人民政府根据本行政区域经济发展状况和法律援助工作需要确定，并实行动态调整。

第四章 程序和实施

第三十五条 人民法院、人民检察院、公安机关和有关部门在办理案件或者相关事务中，应当及时告知有关当事人有权依法申请法律援助。

第三十六条 人民法院、人民检察院、公安机关办理刑事案件，发现有本法第二十五条第一款、第二十八条规定情形的，应当在三日内通知法律援助机构指派律师。法律援助机构收到通知后，应当在三日内指派律师并通知人民法院、人民检察院、公安机关。

第三十七条 人民法院、人民检察院、公安机关应当保障值班律师依法提供法律帮助，告知没有辩护人的犯罪嫌疑人、被告人有权约见值班律师，并依法为值班律师了解案件有关情况、阅卷、会见等提供便利。

第三十八条 对诉讼事项的法律援助，由申请人向办案机关所在地的法律援助机构提出申请；对非诉讼事项的法律援助，由申请人向争议处理机关所在地或者事由发生地的法律援助机构提出申请。

第三十九条 被羁押的犯罪嫌疑人、被告人、服刑人员，以及强制隔离戒毒人员等提出法律援助申请的，办案机关、监管场所应当在二十四小时内将申请转交法律援助机构。

犯罪嫌疑人、被告人通过值班律师提出代理、刑事辩护等法律援助申请的，值班律师应当在二十四小时内将申请转交法律援助机构。

第四十条 无民事行为能力人或者限制民事行为能力人需要法律援助的，可以由其法定代理人代为提出申请。法定代理人侵犯无民事行为能力人、限制民事行为能力人合法权益的，其他法定代理人或者近亲属可以代为提出法律援助申请。

被羁押的犯罪嫌疑人、被告人、服刑人员，以及强制隔离戒毒人员，可以由其法定代理人或者近亲属代为提出法律援助申请。

第四十一条 因经济困难申请法律援助的，申请人应当如实说明经济困难状况。

法律援助机构核查申请人的经济困难状况，可以通过信息共享查询，或者由申请人进行个人诚信承诺。

法律援助机构开展核查工作，有关部门、单位、村民委员会、居民委员会和个人应当予以配合。

第四十二条　法律援助申请人有材料证明属于下列人员之一的，免予核查经济困难状况：

（一）无固定生活来源的未成年人、老年人、残疾人等特定群体；

（二）社会救助、司法救助或者优抚对象；

（三）申请支付劳动报酬或者请求工伤事故人身损害赔偿的进城务工人员；

（四）法律、法规、规章规定的其他人员。

第四十三条　法律援助机构应当自收到法律援助申请之日起七日内进行审查，作出是否给予法律援助的决定。决定给予法律援助的，应当自作出决定之日起三日内指派法律援助人员为受援人提供法律援助；决定不给予法律援助的，应当书面告知申请人，并说明理由。

申请人提交的申请材料不齐全的，法律援助机构应当一次性告知申请人需要补充的材料或者要求申请人作出说明。申请人未按要求补充材料或者作出说明的，视为撤回申请。

第四十四条　法律援助机构收到法律援助申请后，发现有下列情形之一的，可以决定先行提供法律援助：

（一）距法定时效或者期限届满不足七日，需要及时提起诉讼或者申请仲裁、行政复议；

（二）需要立即申请财产保全、证据保全或者先予执行；

（三）法律、法规、规章规定的其他情形。

法律援助机构先行提供法律援助的，受援人应当及时补办有关手续，补充有关材料。

第四十五条　法律援助机构为老年人、残疾人提供法律援助服务的，应当根据实际情况提供无障碍设施设备和服务。

法律法规对向特定群体提供法律援助有其他特别规定的，依照其规定。

第四十六条　法律援助人员接受指派后，无正当理由不得拒绝、拖延或者终止提供法律援助服务。

法律援助人员应当按照规定向受援人通报法律援助事项办理情况，不得损害受援人合法权益。

第四十七条 受援人应当向法律援助人员如实陈述与法律援助事项有关的情况，及时提供证据材料，协助、配合办理法律援助事项。

第四十八条 有下列情形之一的，法律援助机构应当作出终止法律援助的决定：

（一）受援人以欺骗或者其他不正当手段获得法律援助；

（二）受援人故意隐瞒与案件有关的重要事实或者提供虚假证据；

（三）受援人利用法律援助从事违法活动；

（四）受援人的经济状况发生变化，不再符合法律援助条件；

（五）案件终止审理或者已经被撤销；

（六）受援人自行委托律师或者其他代理人；

（七）受援人有正当理由要求终止法律援助；

（八）法律法规规定的其他情形。

法律援助人员发现有前款规定情形的，应当及时向法律援助机构报告。

第四十九条 申请人、受援人对法律援助机构不予法律援助、终止法律援助的决定有异议的，可以向设立该法律援助机构的司法行政部门提出。

司法行政部门应当自收到异议之日起五日内进行审查，作出维持法律援助机构决定或者责令法律援助机构改正的决定。

申请人、受援人对司法行政部门维持法律援助机构决定不服的，可以依法申请行政复议或者提起行政诉讼。

第五十条 法律援助事项办理结束后，法律援助人员应当及时向法律援助机构报告，提交有关法律文书的副本或者复印件、办理情况报告等材料。

第五章 保障和监督

第五十一条 国家加强法律援助信息化建设，促进司法行政部门与司法机关及其他有关部门实现信息共享和工作协同。

第五十二条 法律援助机构应当依照有关规定及时向法律援助人员支付

法律援助补贴。

法律援助补贴的标准，由省、自治区、直辖市人民政府司法行政部门会同同级财政部门，根据当地经济发展水平和法律援助的服务类型、承办成本、基本劳务费用等确定，并实行动态调整。

法律援助补贴免征增值税和个人所得税。

第五十三条 人民法院应当根据情况对受援人缓收、减收或者免收诉讼费用；对法律援助人员复制相关材料等费用予以免收或者减收。

公证机构、司法鉴定机构应当对受援人减收或者免收公证费、鉴定费。

第五十四条 县级以上人民政府司法行政部门应当有计划地对法律援助人员进行培训，提高法律援助人员的专业素质和服务能力。

第五十五条 受援人有权向法律援助机构、法律援助人员了解法律援助事项办理情况；法律援助机构、法律援助人员未依法履行职责的，受援人可以向司法行政部门投诉，并可以请求法律援助机构更换法律援助人员。

第五十六条 司法行政部门应当建立法律援助工作投诉查处制度；接到投诉后，应当依照有关规定受理和调查处理，并及时向投诉人告知处理结果。

第五十七条 司法行政部门应当加强对法律援助服务的监督，制定法律援助服务质量标准，通过第三方评估等方式定期进行质量考核。

第五十八条 司法行政部门、法律援助机构应当建立法律援助信息公开制度，定期向社会公布法律援助资金使用、案件办理、质量考核结果等情况，接受社会监督。

第五十九条 法律援助机构应当综合运用庭审旁听、案卷检查、征询司法机关意见和回访受援人等措施，督促法律援助人员提升服务质量。

第六十条 律师协会应当将律师事务所、律师履行法律援助义务的情况纳入年度考核内容，对拒不履行或者怠于履行法律援助义务的律师事务所、律师，依照有关规定进行惩戒。

第六章 法律责任

第六十一条 法律援助机构及其工作人员有下列情形之一的，由设立该法律援助机构的司法行政部门责令限期改正；有违法所得的，责令退还或者没收违法所得；对直接负责的主管人员和其他直接责任人员，依法给予处分：

（一）拒绝为符合法律援助条件的人员提供法律援助，或者故意为不符合法律援助条件的人员提供法律援助；

（二）指派不符合本法规定的人员提供法律援助；

（三）收取受援人财物；

（四）从事有偿法律服务；

（五）侵占、私分、挪用法律援助经费；

（六）泄露法律援助过程中知悉的国家秘密、商业秘密和个人隐私；

（七）法律法规规定的其他情形。

第六十二条 律师事务所、基层法律服务所有下列情形之一的，由司法行政部门依法给予处罚：

（一）无正当理由拒绝接受法律援助机构指派；

（二）接受指派后，不及时安排本所律师、基层法律服务工作者办理法律援助事项或者拒绝为本所律师、基层法律服务工作者办理法律援助事项提供支持和保障；

（三）纵容或者放任本所律师、基层法律服务工作者怠于履行法律援助义务或者擅自终止提供法律援助；

（四）法律法规规定的其他情形。

第六十三条 律师、基层法律服务工作者有下列情形之一的，由司法行政部门依法给予处罚：

（一）无正当理由拒绝履行法律援助义务或者怠于履行法律援助义务；

（二）擅自终止提供法律援助；

（三）收取受援人财物；

（四）泄露法律援助过程中知悉的国家秘密、商业秘密和个人隐私；

（五）法律法规规定的其他情形。

第六十四条 受援人以欺骗或者其他不正当手段获得法律援助的，由司法行政部门责令其支付已实施法律援助的费用，并处三千元以下罚款。

第六十五条 违反本法规定，冒用法律援助名义提供法律服务并谋取利益的，由司法行政部门责令改正，没收违法所得，并处违法所得一倍以上三倍以下罚款。

第六十六条 国家机关及其工作人员在法律援助工作中滥用职权、玩忽职守、徇私舞弊的，对直接负责的主管人员和其他直接责任人员，依法给予处分。

第六十七条 违反本法规定，构成犯罪的，依法追究刑事责任。

第七章 附 则

第六十八条 工会、共产主义青年团、妇女联合会、残疾人联合会等群团组织开展法律援助工作，参照适用本法的相关规定。

第六十九条 对外国人和无国籍人提供法律援助，我国法律有规定的，适用法律规定；我国法律没有规定的，可以根据我国缔结或者参加的国际条约，或者按照互惠原则，参照适用本法的相关规定。

第七十条 对军人军属提供法律援助的具体办法，由国务院和中央军事委员会有关部门制定。

第七十一条 本法自2022年1月1日起施行。

关于《中华人民共和国法律援助法（草案）》的说明

——2021年1月20日在第十三届全国人民代表大会常务委员会第二十五次会议上

全国人大监察和司法委员会副主任委员　张苏军

全国人民代表大会常务委员会：

我受全国人大监察和司法委员会委托，就《中华人民共和国法律援助法（草案）》（以下简称法律援助法）作说明。

一、制定法律援助法的必要性

法律援助工作是体现以人民为中心的发展思想，切实维护人民群众合法权益的一项重要民生工程，有利于贯彻公民在法律面前一律平等的宪法原则，使公民不论经济条件好坏、社会地位高低都能获得必要的法律服务；有利于保障社会公平正义，保证人民群众在遇到法律问题或者权利受到侵害时获得及时有效法律帮助。党的十八届三中、四中全会明确提出，完善法律援助制度，扩大援助范围。中共中央办公厅、国务院办公厅《关于完善法律援助制度的意见》提出，推进法律援助立法工作，提高法治化水平。近年来，许多全国人大代表也提出议案和建议，希望加快法律援助立法，进一步推动法律援助工作实现高质量发展。

2003年，国务院制定法律援助条例，为规范和促进法律援助事业发展发挥了重要作用。近年来，法律援助覆盖面逐步扩大，服务质量不断提高，制度建设积极推进，保障能力逐步增强。但随着我国经济社会不断发展，社会主要矛盾转化为人民日益增长的美好生活需要和不平衡不充分的发展之间的矛盾，人民群众在民主、法治、公平、正义、安全、环境等方面的要求日益增长。现行法律援助条例已经不能很好地适应法律援助工作需要，与人民群众特别是困难群众日益增长的法律援助需求相比，法律援助工作还存在制度不够完善、保障不够充分、援助范围亟待扩大等问题。及时制定法律援助法，是贯彻落实中央关于推进全面依法治国的重大战略部署，完善中国特色社会主义法律援助制度的必然要求，是努力让人民群众在每一个司法案件中感受到公平正义的重要举措，对于更好地维护公民合法权益、维护法律正确实施、维护社会公平正义具有十分重要的意义。

二、起草过程、立法指导思想和原则

法律援助法列入十三届全国人大常委会立法规划，由全国人大监察和司法委员会牵头组织起草，并列入 2020 年度立法工作计划初次审议项目。2018 年 10 月，我委启动立法工作，研究制定起草工作实施方案，组织成立起草工作领导小组，下设办公室和工作专班。

起草工作启动后，我委认真领会中央有关文件精神，收集整理国内外立法资料，先后赴深圳、云南、重庆、浙江、上海及澳门特别行政区等地开展调研，认真总结法律援助实践经验，梳理研究立法重点问题。2019 年 6 月，根据实施方案要求，司法部向全国人大监察和司法委员会提交草案建议稿后，我委将草案建议稿印发中央编办、全国人大常委会法工委、国务院有关部门、最高人民法院、最高人民检察院、全国律协等有关单位征求意见，结合前期立法调研、会议研究等工作成果，于 2019 年底形成了草案征求意见稿初稿，并经再次征求有关单位意见和反复研究修改，形成草案征求意见稿。此后，我委通过将草案征求意见稿印发各省（区、市）人大监察和司法委员会征求意见、召开起草工作领导小组办公室会议、召开专家学者座谈会、书面征求我委联系的部分全国人大代表意见等方式，充分听取各方面意见，进一步完善草案征求意见稿。2020 年 10 月，由全国人大常委会办公厅发函，书面征求国务院办公厅的意见。在上述工作基础上，经过反复研究修改，形成了议案、法律草案和说明。

法律援助法立法工作坚持以习近平新时代中国特色社会主义思想为指导，贯彻习近平法治思想，贯彻党的十八大、十九大和十九届二中、三中、四中、五中全会精神，落实党中央关于法律援助工作的决策部署，总结我国法律援助工作积累的实践经验，借鉴国际有益做法，坚持改革方向，坚持问题导向，从实际出发，通过立法完善法律援助制度，推动法律援助工作，促进公正司法，维护社会和谐稳定。

起草工作遵循以下原则：第一，坚持以人民为中心。始终把维护人民群众合法权益作为出发点和落脚点，努力为困难群众获得及时便利、优质高效的法律援助服务提供法治保障。第二，坚持立足基本国情。从我国国情和实际出发，适应经济社会发展，兼顾区域差异，尽力而为，量力而行，处理好法律援助需求与法律援助供给之间的关系。第三，坚持国家保障与社会参与相结合。鼓励和支持人民团体、事业单位、社会组织在司法行政部门指导下，依法参与法律援助工作。鼓励和支持组织、个人提供法律援助志愿服务，捐助法律援助事业，推动法律援助健康有序可持续发展。

三、主要内容和重点问题

草案分为7章，包括总则、法律援助机构和人员、法律援助范围、法律援助程序、保障措施、法律责任和附则，共61条。主要内容包括：

（一）明确法律援助的概念

草案将法律援助定义为："国家为经济困难公民和符合法定条件的当事人无偿提供的法律咨询、代理、刑事辩护、值班律师法律帮助等法律服务。"明确了法律援助对象除经济困难公民外，还包括诉讼中符合法定条件的当事人（不限于公民）。考虑到我国法律援助发展现状及保障水平，对福利机构、提起公益诉讼的社会组织等非自然人，各地可组织律师提供减免费用等法律服务，根据实际情况在实践中继续探索，法律中暂不作明确规定。

（二）明确法律援助的提供主体

草案规定，法律援助的提供主体包括执业律师、法律援助机构律师、基层法律服务工作者、法律援助志愿者。考虑到当前律师资源分布不均，中西部地区仍有一些无律师县或者律师资源缺乏的地方，为了适应值班律师、刑事案件律师辩护全覆盖等刑事诉讼改革需求，草案规定法律援助机构律师为法律援助提供主体之一，并对其应当具备的条件作出专门规定。

（三）适当扩大法律援助范围

为落实党中央关于法律援助工作的决策部署，总结当前我国法律援助工作现状，草案对法律援助范围作出适当扩大。一是关于刑事法律援助。刑事法律援助事项除按照现行法律规定予以明确外，根据当前刑事诉讼改革需求，结合刑事案件律师辩护全覆盖试点工作，草案增加规定刑事案件的犯罪嫌疑人、被告人没有委托辩护人的，司法机关通知的法律援助事项包括“适用普通程序审判案件的被告人”和“死刑复核案件的被告人”。二是关于民事法律援助。草案增加规定请求工伤事故、交通事故、食品药品安全事故、医疗事故人身损害赔偿和请求固体废物污染、水污染等环境污染损害赔偿两类情形。三是根据十八届四中全会决定精神，将聘不起律师的申诉人纳入法律援助范围。同时，草案第十八条、第二十条、第二十二条设置了兜底条款“法律法规规定的其他法律援助服务”“法律法规规定的其他情形”，为今后通过立法或者制定行政法规、地方性法规等扩大法律援助范围提供了依据。

（四）明确值班律师法律帮助相关内容

刑事诉讼法规定了法律援助机构可以在人民法院、看守所等场所派驻值班律师，为没有辩护人的犯罪嫌疑人、被告人提供法律帮助。草案明确值班律师法律帮助是法律援助的一种服务形式，并对法律援助机构可以在人民法院、人民检察院和看守所等场所派驻值班律师，值班律师法律帮助的内容，保障值班律师履职，有关工作程序等作出具体规定。

（五）规定了法律援助的程序

草案第四章对法律援助程序进行了规定，明确司法机关和有关部门通知指派、权利告知等义务，对提出法律援助申请、经济困难审查、决定和指派、办理情况报告等程序作出规定，明确免于经济困难审查、先行提供法律援助等情形。同时，对法律援助人员工作规范、受援人的权利义务、终止法律援助、救济程序等也作出相应规定。考虑到法律援助工作程序的具体时限属于操作层面的问题，现行法律法规、司法解释等已有明确规定，并且法律援助事项难易程度不同、情况复杂，草案对此仅作原则性规定。

（六）明确法律援助的保障措施

草案在总则中明确法律援助属于国家责任，明确政府及各部门的职责。设置保障措施一章，对总体发展要求、经费保障、培训、监督管理和质量考核、信息化建设、宣传教育等作出规定。对于实践中一些地方提出办案补贴标准较低、刑事案件律师辩护全覆盖后经费需求增长较大、落后地方经费困难希望加大中央财政转移力度等意见，建议由国务院有关部门通过制定规范性文件研究解决。

草案和以上说明是否妥当，请审议。

全国人民代表大会宪法和法律委员会关于《中华人民共和国法律援助法（草案）》修改情况的汇报

——2021年6月7日在第十三届全国人民代表大会常务委员会第二十九次会议上

全国人大宪法和法律委员会副主任委员 江必新

全国人民代表大会常务委员会：

常委会第二十五次会议对法律援助法草案进行了初次审议。会后，法制工作委员会将草案印送有关部门、地方和单位征求意见；在中国人大网公布草案全文，征求社会公众意见；先后到湖北、江苏调研，听取地方政府有关部门以及法律援助机构、法院、检察院、人民团体、高等院校、律师事务所和全国人大代表的意见。宪法和法律委员会于5月19日召开会议，根据常委会组成人员的审议意见和各方面的意见，对草案进行了逐条审议。监察和司法委员会、司法部、全国总工会有关负责同志列席了会议。5月27日，宪法和法律委员会召开会议，再次进行了审议。现将法律援助法草案主要问题的修改情况汇报如下：

一、有的常委会组成人员、部门、地方和社会公众提出，草案将提供法律援助的主体限定为法律援助机构，但实践中还包括群团组织、事业单位和社会组织，应当尊重现实做法，进一步拓宽渠道，鼓励和支持更多社会力量参与法律援助。宪法和法律委员会经研究，建议删去“法律援助由法律援助机构组织法律援助人员实施”的规定，明确鼓励和支持群团组织、事业单位、社会组织依法提供法律援助，并增加规定：工会、共产主义青年团、妇联等群团组织开展法律援助工作，参照适用本法的相关规定。

二、有的常委委员、部门、地方和社会公众提出，政府应当不断加大法律援助经费投入，提高经费保障水平。宪法和法律委员会经研究，建议明确县级以上人民政府应当健全法律援助保障体系，将法律援助相关经费列入本级政府预算，建立动态调整机制，保障法律援助工作需要，促进法律援助均衡发展。

三、草案第九条规定，法律援助机构可以指派“法律援助机构律师”提供法律援助；第十三条规定了“法律援助机构律师”应当具备的条件。有的常委委员、单位、地方和社会公众提出，法律援助机构既负责监督管理，又直接提供法律援助，这种做法不妥；同时，在律师法等法律之外再创设新的律师种类，也缺乏必要依据。宪法和法律委员会经研究，建议删去有关“法律援助机构律师”的规定。

四、有的常委会组成人员、部门、地方和社会公众提出，应当鼓励法律援助志愿服务，完善志愿服务范围和管理规范。宪法和法律委员会经研究，建议明确高等院校、科研机构可以组织法律援助志愿者，提供“法律咨询、代拟法律文书等法律援助”，并增加规定：国家鼓励和规范法律援助志愿服务；支持符合条件的个人作为法律援助志愿者，依法提供法律援助。法律援助志愿者具体管理办法由国务院有关部门规定。

五、有的常委委员、地方和社会公众提出，对于一些特殊案件，应当指派具有一定经验的律师担任辩护人。宪法和法律委员会经研究，建议明确可能被判处无期徒刑、死刑的人以及死刑复核案件的被告人需要法律援助的，法律援助机构应当指派具有三年以上相关执业经历的律师担任辩护人。

六、有的常委会组成人员、部门、地方和社会公众提出，应当进一步扩大民事、行政法律援助覆盖面，放宽免于审查经济困难状况的情形。宪法和法律委员会经研究，建议落实有关中央文件精神，在申请法律援助的事项中增加“确认劳动关系”、“生态破坏损害赔偿”以及“规章”规定的其他情形，并增加规定：英雄烈士近亲属维护英雄烈士的人格权益、因见义勇为行为主张相关民事权益等情形下，当事人申请法律援助的，不受经济困难条件限制。

七、有的常委委员、地方和社会公众提出，应当根据经济发展水平及时调整法律援助补贴标准，提高法律援助人员待遇水平。宪法和法律委员会经研究，建议明确法律援助补贴标准实行动态调整，法律援助补贴免征增值税和个人所得税。

八、有的常委委员、地方和社会公众提出，应当落实有关中央文件精神，建立健全法律援助工作有关监督制度。宪法和法律委员会经研究，建议增加规定：司法行政部门应当建立法律援助工作投诉查处制度，依照有关规定调查处理，并及时向投诉人告知处理结果；司法行政部门、法律援助机构应当建立法律援助信息公开制度，定期向社会公布法律援助资金使用、案件办理等情况；司法行政部门应当制定法律援助服务质量标准，通过第三方评估等方式定期进行质量考核；法律援助机构应当采取措施，督促法律援助人员提升服务质量；律师协会应当加强律师事务所、律师履行法律援助义务的考核管理等。

此外，还对草案作了一些文字修改。

草案二次审议稿已按上述意见作了修改，宪法和法律委员会建议提请本次常委会会议继续审议。

草案二次审议稿和以上汇报是否妥当，请审议。

全国人民代表大会宪法和法律委员会关于《中华人民共和国法律援助法（草案）》审议结果的报告

——2021 年 8 月 17 日在第十三届全国人民代表大会常务委员会第三十次会议上

全国人大宪法和法律委员会副主任委员　江必新

全国人民代表大会常务委员会：

常委会第二十九次会议对法律援助法草案进行了二次审议。会后，法制工作委员会在中国人大网公布草案二次审议稿全文，向社会公开征求意见；先后到重庆、云南调研，听取地方政府有关部门以及法律援助机构、法院、检察院、群团组织、高等院校、律师事务所和全国人大代表的意见。宪法和法律委员会于 7 月 12 日召开会议，根据委员长会议精神、常委会组成人员审议意见和各方面的意见，对草案进行了逐条审议。监察和司法委员会、司法部、全国总工会有关负责同志列席了会议。7 月 27 日，宪法和法律委员会、监察和司法委员会、法制工作委员会召开会议，进一步听取了司法部、全国总工会等有关方面的意见。7 月 28 日，宪法和法律委员会召开会议，再次进行了审议。宪法和法律委员会认为，草案经过两次审议修改，已经比较成熟。同时，提出以下主要修改意见：

一、有的常委委员和部门提出，为满足实际需要，法律援助机构指派本机构具有一定资格的工作人员提供法律援助，是现实做法，法律上应当有所体现。宪法和法律委员会经研究，建议增加规定，法律援助机构根据工作需要，可以安排本机构具有律师资格或者法律职业资格的工作人员提供法律援助。

二、有的常委委员和地方提出，应当合理调配法律服务资源，为偏远地区开展法律援助工作提供更多支持。宪法和法律委员会经研究，建议落实有关中央文件精神，增加一条规定："国家建立健全法律服务资源依法跨区域流动制度机制，鼓励和支持律师、法律援助志愿者等在法律服务资源相对短缺地区提供法律援助。"

三、有的常委委员提出，应当进一步完善法律援助机构服务的方式和内容，保障当事人合法权益。宪法和法律委员会经研究，建议增加规定，法律援助机构应当提示当事人享有依法申请法律援助的权利，并告知申请法律援助的条件和程序。

四、有的常委委员和部门提出，法律援助应当与刑事案件律师辩护全覆盖试点工作相结合，加大人权司法保障力度。宪法和法律委员会经研究，建议在已有规定基础上，进一步增加规定："其他适用普通程序审理的案件，被告人没有委托辩护人的，人民法院根据实际情况，可以通知法律援助机构指派律师担任辩护人。"

五、有的常委委员提出，人民法院、人民检察院、公安机关通知法律援助机构指派律师辩护时，应当尊重当事人委托辩护的权利。宪法和法律委员会经研究，建议增加一条规定："人民法院、人民检察院、公安机关通知法律援助机构指派律师担任辩护人时，不得限制或者损害犯罪嫌疑人、被告人委托辩护人的权利。"

六、草案二次审议稿第六十五条规定，工会、共产主义青年团、妇联等群团组织开展法律援助工作，参照适用本法的相关规定。有的常委委员建议增加"残疾人联合会"。宪法和法律委员会经研究，建议采纳这一意见。

此外，还对草案二次审议稿作了一些文字修改。

7 月 20 日，法制工作委员会召开会议，邀请部分全国人大代表、专家学者和地方有关部门、法院、检察院、法律援助机构、律师事务所等方面的代表就草案中主要制度规范的可行性、出台时机、实施的社会效果和可能出现的问题等进行评估。与会人员普遍认为，草案经过多次审议修改，坚持问题导向，贯彻落实有关中央文件精神，吸收了各方面的意见，回应了社会关切，主要制度设计符合实际，具有较强的针对性和可操作性，已经比较成熟。同时，还对草案提出了一些具体修改意见，宪法和法律委员会对有的意见予以采纳。

草案三次审议稿已按上述意见作了修改，宪法和法律委员会建议提请本次常委会会议审议通过。

草案三次审议稿和以上报告是否妥当，请审议。

全国人民代表大会宪法和法律委员会关于《中华人民共和国法律援助法（草案三次审议稿）》修改意见的报告

——2021 年 8 月 19 日在第十三届全国人民代表大会常务委员会第三十次会议上

全国人民代表大会常务委员会：

本次常委会会议于 8 月 17 日下午对法律援助法草案三次审议稿进行了分组审议。普遍认为，草案已经比较成熟，建议进一步修改后，提请本次常委会会议表决通过。同时，有些常委会组成人员和列席人员还提出了一些修改意见。宪法和法律委员会于 8 月 18 日上午召开会议，逐条研究了常委会组成人员的审议意见，对草案进行了审议。法制工作委员会就草案修改与司法部进行了沟通，共同研究。宪法和法律委员会认为，草案是可行的，同时，提出以下修改意见：

一、草案三次审议稿第十八条规定，国家鼓励和支持律师、法律援助志愿者等在法律服务资源相对短缺地区提供法律援助。有的常委委员提出，为更好地保障律师在上述地区开展法律援助工作，建议在鼓励和支持的对象中增加“律师事务所”。宪法和法律委员会经研究，建议采纳这一意见。

二、草案三次审议稿第二十二条对法律援助的形式作出规定。有的常委委员建议，对其中规定的诉讼代理与非诉讼代理，进一步明确关系和范围。宪法和法律委员会经研究，建议将第四项“国家赔偿、民事和行政诉讼代理及其非诉讼代理”修改为“民事案件、行政案件、国家赔偿案件的诉讼代理及非诉讼代理”。

三、草案三次审议稿第三十一条规定，在一定情形下，当事人因经济困难没有委托代理人的，可以申请法律援助。有的常委委员提出，认定公民无民事行为能力或者限制民事行为能力，关系公民重大权益，建议在可以申请法律援助的情形中增加这项内容。宪法和法律委员会经研究，建议采纳这一意见。

经与有关部门研究，建议将本法的施行时间确定为2022年1月1日。

此外，根据常委会组成人员的审议意见，还对草案三次审议稿作了一些文字修改。

草案修改稿已按上述意见作了修改，宪法和法律委员会建议本次常委会会议审议通过。

草案修改稿和以上报告是否妥当，请审议。

最高人民法院、最高人民检察院、公安部、司法部关于刑事诉讼法律援助工作的规定

（2013 年 2 月 4 日　司发通〔2013〕18 号）

第一条　为加强和规范刑事诉讼法律援助工作，根据《中华人民共和国刑事诉讼法》、《中华人民共和国律师法》、《法律援助条例》以及其他相关规定，结合法律援助工作实际，制定本规定。

第二条　犯罪嫌疑人、被告人因经济困难没有委托辩护人的，本人及其近亲属可以向办理案件的公安机关、人民检察院、人民法院所在地同级司法行政机关所属法律援助机构申请法律援助。

具有下列情形之一，犯罪嫌疑人、被告人没有委托辩护人的，可以依照前款规定申请法律援助：

（一）有证据证明犯罪嫌疑人、被告人属于一级或者二级智力残疾的；

（二）共同犯罪案件中，其他犯罪嫌疑人、被告人已委托辩护人的；

（三）人民检察院抗诉的；

（四）案件具有重大社会影响的。

第三条　公诉案件中的被害人及其法定代理人或者近亲属，自诉案件中的自诉人及其法定代理人，因经济困难没有委托诉讼代理人的，可以向办理案件的人民检察院、人民法院所在地同级司法行政机关所属法律援助机构申请法律援助。

第四条　公民经济困难的标准，按案件受理地所在的省、自治区、直辖市人民政府的规定执行。

第五条　公安机关、人民检察院在第一次讯问犯罪嫌疑人或者采取强制措施的时候，应当告知犯罪嫌疑人有权委托辩护人，并告知其如果符合本规

定第二条规定，本人及其近亲属可以向法律援助机构申请法律援助。

人民检察院自收到移送审查起诉的案件材料之日起3日内，应当告知犯罪嫌疑人有权委托辩护人，并告知其如果符合本规定第二条规定，本人及其近亲属可以向法律援助机构申请法律援助；应当告知被害人及其法定代理人或者近亲属有权委托诉讼代理人，并告知其如果经济困难，可以向法律援助机构申请法律援助。

人民法院自受理案件之日起3日内，应当告知被告人有权委托辩护人，并告知其如果符合本规定第二条规定，本人及其近亲属可以向法律援助机构申请法律援助；应当告知自诉人及其法定代理人有权委托诉讼代理人，并告知其如果经济困难，可以向法律援助机构申请法律援助。人民法院决定再审的案件，应当自决定再审之日起3日内履行相关告知职责。

犯罪嫌疑人、被告人具有本规定第九条规定情形的，公安机关、人民检察院、人民法院应当告知其如果不委托辩护人，将依法通知法律援助机构指派律师为其提供辩护。

第六条 告知可以采取口头或者书面方式，告知的内容应当易于被告知人理解。口头告知的，应当制作笔录，由被告知人签名；书面告知的，应当将送达回执入卷。对于被告知人当场表达申请法律援助意愿的，应当记录在案。

第七条 被羁押的犯罪嫌疑人、被告人提出法律援助申请的，公安机关、人民检察院、人民法院应当在收到申请24小时内将其申请转交或者告知法律援助机构，并于3日内通知申请人的法定代理人、近亲属或者其委托的其他人员协助向法律援助机构提供有关证件、证明等相关材料。犯罪嫌疑人、被告人的法定代理人或者近亲属无法通知的，应当在转交申请时一并告知法律援助机构。

第八条 法律援助机构收到申请后应当及时进行审查并于7日内作出决定。对符合法律援助条件的，应当决定给予法律援助，并制作给予法律援助决定书；对不符合法律援助条件的，应当决定不予法律援助，制作不予法律援助决定书。给予法律援助决定书和不予法律援助决定书应当及时发送申请人，并函告公安机关、人民检察院、人民法院。

对于犯罪嫌疑人、被告人申请法律援助的案件，法律援助机构可以向公安机关、人民检察院、人民法院了解案件办理过程中掌握的犯罪嫌疑人、被告人是否具有本规定第二条规定情形等情况。

第九条　犯罪嫌疑人、被告人具有下列情形之一没有委托辩护人的，公安机关、人民检察院、人民法院应当自发现该情形之日起 3 日内，通知所在地同级司法行政机关所属法律援助机构指派律师为其提供辩护：

（一）未成年人；

（二）盲、聋、哑人；

（三）尚未完全丧失辨认或者控制自己行为能力的精神病人；

（四）可能被判处无期徒刑、死刑的人。

第十条　公安机关、人民检察院、人民法院通知辩护的，应当将通知辩护公函和采取强制措施决定书、起诉意见书、起诉书、判决书副本或者复印件送交法律援助机构。

通知辩护公函应当载明犯罪嫌疑人或者被告人的姓名、涉嫌的罪名、羁押场所或者住所、通知辩护的理由、办案机关联系人姓名和联系方式等。

第十一条　人民法院自受理强制医疗申请或者发现被告人符合强制医疗条件之日起 3 日内，对于被申请人或者被告人没有委托诉讼代理人的，应当向法律援助机构送交通知代理公函，通知其指派律师担任被申请人或被告人的诉讼代理人，为其提供法律帮助。

人民检察院申请强制医疗的，人民法院应当将强制医疗申请书副本一并送交法律援助机构。

通知代理公函应当载明被申请人或者被告人的姓名、法定代理人的姓名和联系方式、办案机关联系人姓名和联系方式。

第十二条　法律援助机构应当自作出给予法律援助决定或者自收到通知辩护公函、通知代理公函之日起 3 日内，确定承办律师并函告公安机关、人民检察院、人民法院。

法律援助机构出具的法律援助公函应当载明承办律师的姓名、所属单位及联系方式。

第十三条　对于可能被判处无期徒刑、死刑的案件，法律援助机构应当指派具有一定年限刑事辩护执业经历的律师担任辩护人。

对于未成年人案件，应当指派熟悉未成年人身心特点的律师担任辩护人。

第十四条 承办律师接受法律援助机构指派后，应当按照有关规定及时办理委托手续。

承办律师应当在首次会见犯罪嫌疑人、被告人时，询问是否同意为其辩护，并制作笔录。犯罪嫌疑人、被告人不同意的，律师应当书面告知公安机关、人民检察院、人民法院和法律援助机构。

第十五条 对于依申请提供法律援助的案件，犯罪嫌疑人、被告人坚持自己辩护，拒绝法律援助机构指派的律师为其辩护的，法律援助机构应当准许，并作出终止法律援助的决定；对于有正当理由要求更换律师的，法律援助机构应当另行指派律师为其提供辩护。

对于应当通知辩护的案件，犯罪嫌疑人、被告人拒绝法律援助机构指派的律师为其辩护的，公安机关、人民检察院、人民法院应当查明拒绝的原因，有正当理由的，应当准许，同时告知犯罪嫌疑人、被告人需另行委托辩护人。犯罪嫌疑人、被告人未另行委托辩护人的，公安机关、人民检察院、人民法院应当及时通知法律援助机构另行指派律师为其提供辩护。

第十六条 人民检察院审查批准逮捕时，认为犯罪嫌疑人具有应当通知辩护的情形，公安机关未通知法律援助机构指派律师的，应当通知公安机关予以纠正，公安机关应当将纠正情况通知人民检察院。

第十七条 在案件侦查终结前，承办律师提出要求的，侦查机关应当听取其意见，并记录在案。承办律师提出书面意见的，应当附卷。

第十八条 人民法院决定变更开庭时间的，应当在开庭 3 日前通知承办律师。承办律师有正当理由不能按时出庭的，可以申请人民法院延期开庭。人民法院同意延期开庭的，应当及时通知承办律师。

第十九条 人民法院决定不开庭审理的案件，承办律师应当在接到人民法院不开庭通知之日起 10 日内向人民法院提交书面辩护意见。

第二十条 人民检察院、人民法院应当对承办律师复制案卷材料的费用予以免收或者减收。

第二十一条 公安机关在撤销案件或者移送审查起诉后，人民检察院在作出提起公诉、不起诉或者撤销案件决定后，人民法院在终止审理或者作出裁决后，以及公安机关、人民检察院、人民法院将案件移送其他机关办理后，应当在 5 日内将相关法律文书副本或者复印件送达承办律师，或者书面告知承办律师。

公安机关的起诉意见书，人民检察院的起诉书、不起诉决定书，人民法院的判决书、裁定书等法律文书，应当载明作出指派的法律援助机构名称、承办律师姓名以及所属单位等情况。

第二十二条 具有下列情形之一的，法律援助机构应当作出终止法律援助决定，制作终止法律援助决定书发送受援人，并自作出决定之日起 3 日内函告公安机关、人民检察院、人民法院：

（一）受援人的经济收入状况发生变化，不再符合法律援助条件的；

（二）案件终止办理或者已被撤销的；

（三）受援人自行委托辩护人或者代理人的；

（四）受援人要求终止法律援助的，但应当通知辩护的情形除外；

（五）法律、法规规定应当终止的其他情形。

公安机关、人民检察院、人民法院在案件办理过程中发现有前款规定情形的，应当及时函告法律援助机构。

第二十三条 申请人对法律援助机构不予援助的决定有异议的，可以向主管该法律援助机构的司法行政机关提出。司法行政机关应当在收到异议之日起 5 个工作日内进行审查，经审查认为申请人符合法律援助条件的，应当以书面形式责令法律援助机构及时对该申请人提供法律援助，同时通知申请人；认为申请人不符合法律援助条件的，应当维持法律援助机构不予援助的决定，并书面告知申请人。

受援人对法律援助机构终止法律援助的决定有异议的，按照前款规定办理。

第二十四条 犯罪嫌疑人、被告人及其近亲属、法定代理人，强制医疗案件中的被申请人、被告人的法定代理人认为公安机关、人民检察院、人民法院应当告知其可以向法律援助机构申请法律援助而没有告知，或者应当通知法律援助机构指派律师为其提供辩护或者诉讼代理而没有通知的，有权向同级或者上一级人民检察院申诉或者控告。人民检察院应当对申诉或者控告及时进行审查，情况属实的，通知有关机关予以纠正。

第二十五条 律师应当遵守有关法律法规和法律援助业务规程，做好会见、阅卷、调查取证、解答咨询、参加庭审等工作，依法为受援人提供法律服务。

律师事务所应当对律师办理法律援助案件进行业务指导，督促律师在办案过程中尽职尽责，恪守职业道德和执业纪律。

第二十六条 法律援助机构依法对律师事务所、律师开展法律援助活动进行指导监督，确保办案质量。

司法行政机关和律师协会根据律师事务所、律师履行法律援助义务情况实施奖励和惩戒。

公安机关、人民检察院、人民法院在案件办理过程中发现律师有违法或者违反职业道德和执业纪律行为，损害受援人利益的，应当及时向法律援助机构通报有关情况。

第二十七条 公安机关、人民检察院、人民法院和司法行政机关应当加强协调，建立健全工作机制，做好法律援助咨询、申请转交、组织实施等方面的衔接工作，促进刑事法律援助工作有效开展。

第二十八条 本规定自2013年3月1日起施行。2005年9月28日最高人民法院、最高人民检察院、公安部、司法部下发的《关于刑事诉讼法律援助工作的规定》同时废止。

办理法律援助案件程序规定

（2012 年 4 月 9 日司法部令第 124 号公布　自 2012 年 7 月 1 日起施行）

第一章　总　　则

第一条　为了规范办理法律援助案件，保证法律援助质量，根据《中华人民共和国刑事诉讼法》、《法律援助条例》等有关法律、行政法规的规定，制定本规定。

第二条　法律援助机构、律师事务所、基层法律服务所、其他社会组织和法律援助人员办理法律援助案件，适用本规定。

第三条　法律援助机构应当建立健全工作机制，为公民获得法律援助提供便利。

第四条　法律援助人员应当依照法律、法规及本规定，遵守有关法律服务业务规程，为受援人提供优质高效的法律服务。

第五条　法律援助人员应当保守在办理法律援助案件中知悉的国家秘密、商业秘密，不得泄露当事人的隐私。

第六条　法律援助人员办理法律援助案件，应当遵守职业道德和执业纪律，自觉接受监督。

第二章　受　　理

第七条　法律援助机构应当公示办公地址、通讯方式等信息，在接待场所和司法行政政府网站上公示法律援助条件、程序、申请材料目录和申请示范文本等。

第八条　公民因经济困难就《法律援助条例》第十条规定的事项申请法

律援助的，由义务机关所在地、义务人住所地或者被请求人住所地的法律援助机构依法受理。

《法律援助条例》第十一条规定的公民因经济困难申请刑事法律援助的，由办理案件的人民法院、人民检察院、公安机关所在地的法律援助机构受理。

申请人就同一事项向两个以上法律援助机构提出申请的，由最先收到申请的法律援助机构受理。

第九条 公民申请代理、刑事辩护法律援助，应当如实提交下列申请材料：

（一）法律援助申请表。填写申请表确有困难的，由法律援助机构工作人员或者转交申请的机关、单位工作人员代为填写；

（二）身份证或者其他有效的身份证明，申请代理人还应当提交有代理权的证明；

（三）法律援助申请人经济状况证明表；

（四）与所申请法律援助事项有关的案件材料。

法律援助申请人经济状况证明表应当由法律援助地方性法规、规章规定的有权出具经济困难证明的机关、单位加盖公章。无相关规定的，由申请人住所地或者经常居住地的村民委员会、居民委员会或者所在单位加盖公章。

第十条 申请人持有下列证件、证明材料的，无需提交法律援助申请人经济状况证明表：

（一）城市居民最低生活保障证或者农村居民最低生活保障证；

（二）农村特困户救助证；

（三）农村“五保”供养证；

（四）人民法院给予申请人司法救助的决定；

（五）在社会福利机构中由政府出资供养或者由慈善机构出资供养的证明材料；

（六）残疾证及申请人住所地或者经常居住地的村民委员会、居民委员会出具的无固定生活来源的证明材料；

（七）依靠政府或者单位给付抚恤金生活的证明材料；

（八）因自然灾害等原因导致生活出现暂时困难，正在接受政府临时救济的证明材料；

（九）法律、法规及省、自治区、直辖市人民政府规定的能够证明法律援助申请人经济困难的其他证件、证明材料。

第十一条 被羁押的犯罪嫌疑人、被告人、服刑人员，劳动教养人员、强制隔离戒毒人员申请法律援助的，可以通过办理案件的人民法院、人民检察院、公安机关或者所在监狱、看守所、劳动教养管理所、强制隔离戒毒所转交申请。

第十二条 法律援助机构受理法律援助申请后，应当向申请人出具收到申请材料的书面凭证，载明收到申请材料的名称、数量、日期。

第三章 审 查

第十三条 法律援助机构应当自受理申请之日起7个工作日内进行审查，并作出是否给予法律援助的决定；属于本规定第十四条规定情形的，可以适当延长审查期限。

法律援助机构经审查认为申请人提交的申请材料不齐全或者内容不清楚的，应当发出补充材料通知或者要求申请人作出说明。申请人补充材料、作出说明所需的时间不计入审查期限。申请人未按要求补充材料或者作出说明的，视为撤销申请。

第十四条 法律援助机构认为申请人提交的申请材料需要查证的，应当向有关机关、单位调查核实。

受理申请的法律援助机构需要请求异地法律援助机构协助查证的，按照本规定第二十八条的规定办理。

第十五条 法律援助机构经审查，对于有下列情形之一的，应当认定申请人经济困难：

（一）申请人及与其共同生活的家庭成员的人均收入符合法律援助地方性法规或者省、自治区、直辖市人民政府规定的经济困难标准的；

（二）申请事项的对方当事人是与申请人共同生活的家庭成员，申请人的个人收入符合法律援助地方性法规或者省、自治区、直辖市人民政府规定的经济困难标准的；

（三）申请人持本规定第十条规定的证件、证明材料申请法律援助，法律援助机构经审查认为真实有效的。

第十六条 法律援助机构经审查，对符合法律援助条件的，应当决定给予法律援助，并制作给予法律援助决定书；对不符合法律援助条件的，应当决定不予法律援助，并制作不予法律援助决定书。

不予法律援助决定书应当载明不予法律援助的理由及申请人提出异议的权利。

第十七条 给予法律援助决定书和不予法律援助决定书应当发送申请人；属于本规定第十一条规定情形的，法律援助机构还应当同时函告有关人民法院、人民检察院、公安机关及监狱、看守所、劳动教养管理所、强制隔离戒毒所。

第十八条 申请事项符合《法律援助条例》第十条、第十一条规定，且具有下列情形之一的，法律援助机构可以决定先行提供法律援助：

（一）距法定时效届满不足 7 日，需要及时提起诉讼或者申请仲裁、行政复议的；

（二）需要立即申请财产保全、证据保全或者先予执行的；

（三）其他紧急或者特殊情况。

先行提供法律援助的，受援人应当在法律援助机构确定的期限内补交规定的申请材料。法律援助机构经审查认为受援人不符合经济困难标准的，应当终止法律援助，并按照本规定第三十三条第二款的规定办理。

第十九条 申请人对法律援助机构不予法律援助的决定有异议的，可以向主管该法律援助机构的司法行政机关提出。

司法行政机关经审查认为申请人符合法律援助条件的，应当以书面形式责令法律援助机构及时对该申请人提供法律援助，同时书面告知申请人；认为申请人不符合法律援助条件的，应当维持法律援助机构不予法律援助的决定，书面告知申请人并说明理由。

第四章　承　　办

第二十条 对于民事、行政法律援助案件，法律援助机构应当自作出给予法律援助决定之日起 7 个工作日内指派律师事务所、基层法律服务所、其他社会组织安排其所属人员承办，或者安排本机构的工作人员承办。

对于刑事法律援助案件，法律援助机构应当自作出给予法律援助决定或者收到指定辩护通知书之日起3个工作日内指派律师事务所安排律师承办，或者安排本机构的法律援助律师承办。

第二十一条 法律援助机构应当根据本机构、律师事务所、基层法律服务所、其他社会组织的人员数量、资质、专业特长、承办法律援助案件的情况、受援人意愿等因素合理指派或者安排承办机构、人员。

法律援助机构、律师事务所应当指派或者安排具有一定年限刑事辩护执业经历的律师担任死刑案件的辩护人。

第二十二条 法律援助机构、律师事务所、基层法律服务所或者其他社会组织应当自指派或者安排法律援助人员之日起5个工作日内将法律援助人员姓名和联系方式告知受援人，并与受援人或者其法定代理人、近亲属签订委托代理协议，但因受援人的原因无法按时签订的除外。

第二十三条 法律援助人员应当在受委托的权限内，通过和解、调解、申请仲裁和提起诉讼等方式依法最大限度维护受援人合法权益。

法律援助人员代理受援人以和解或者调解方式解决纠纷的，应当征得受援人同意。

第二十四条 法律援助机构对公民申请的法律咨询服务，应当即时解答；复杂疑难的，可以与申请人预约择时办理。在解答法律咨询过程中，认为申请人可能符合代理或者刑事辩护法律援助条件的，应当告知其可以依法提出申请。

第二十五条 对于民事诉讼法律援助案件，法律援助人员应当告知受援人可以向人民法院申请司法救助，并提供协助。

第二十六条 法律援助人员会见受援人，应当制作会见笔录。会见笔录应当经受援人确认无误后签名或者按指印；受援人无阅读能力的，法律援助人员应当向受援人宣读笔录，并在笔录上载明。对于指定辩护的案件，法律援助人员应当在首次会见犯罪嫌疑人、被告人时，询问是否同意为其辩护，并记录在案。犯罪嫌疑人、被告人不同意的，应当书面告知人民法院、人民检察院、公安机关和法律援助机构。

第二十七条 法律援助人员承办案件，应当根据需要依法进行调查取证，并可以根据需要请求法律援助机构出具必要的证明文件或者与有关机关、单位进行协调。

第二十八条 法律援助人员认为需要异地调查取证的，可以向作出指派或者安排的法律援助机构报告。作出指派或者安排的法律援助机构可以请求调查取证事项所在地的法律援助机构协作。

法律援助机构请求协作的，应当向被请求的法律援助机构发出协作函件，说明案件基本情况、需要调查取证的事项、办理时限等。被请求的法律援助机构应当予以协作。因客观原因无法协作的，应当向请求协作的法律援助机构书面说明理由。

第二十九条 对于人民法院开庭审理的刑事案件，法律援助人员应当做好开庭前准备；庭审中充分陈述、质证；庭审结束后，法律援助人员应当向人民法院提交刑事辩护或者代理书面意见。

对于人民法院决定不开庭审理的指定辩护案件，法律援助人员应当自收到法律援助机构指派函之日起 10 日内向人民法院提交刑事辩护书面意见。对于其他不开庭审理的刑事案件，法律援助人员应当按照人民法院规定的期限提交刑事辩护或者代理书面意见。

第三十条 法律援助人员应当向受援人通报案件办理情况，答复受援人询问，并制作通报情况记录。

第三十一条 法律援助人员应当按照法律援助机构要求报告案件承办情况。

法律援助案件有下列情形之一的，法律援助人员应当向法律援助机构报告：

（一）主要证据认定、适用法律等方面有重大疑义的；

（二）涉及群体性事件的；

（三）有重大社会影响的；

（四）其他复杂、疑难情形。

第三十二条 受援人有证据证明法律援助人员不依法履行义务的，可以请求法律援助机构更换法律援助人员。

法律援助机构应当自受援人申请更换之日起 5 个工作日内决定是否更换。决定更换的，应当另行指派或者安排人员承办。对犯罪嫌疑人、被告人具有应当指定辩护的情形，人民法院、人民检察院、公安机关决定为其另行指定辩护人的，法律援助机构应当另行指派或者安排人员承办。

更换法律援助人员的，原法律援助人员所属单位应当与受援人解除或者变更委托代理协议，原法律援助人员应当与更换后的法律援助人员办理案件材料移交手续。

第三十三条 有下列情形之一的，应当终止法律援助：

（一）受援人不再符合法律援助经济困难标准的；

（二）案件依法终止审理或者被撤销的；

（三）受援人自行委托其他代理人或者辩护人的；

（四）受援人要求终止法律援助的；

（五）受援人利用法律援助从事违法活动的；

（六）受援人故意隐瞒与案件有关的重要事实或者提供虚假证据的；

（七）法律、法规规定应当终止的其他情形。

有上述情形的，法律援助人员应当向法律援助机构报告。法律援助机构经审查核实，决定终止法律援助的，应当制作终止法律援助决定书，并发送受援人，同时函告法律援助人员所属单位和有关机关、单位。法律援助人员所属单位应当与受援人解除委托代理协议。

受援人对法律援助机构终止法律援助的决定有异议的，按照本规定第十九条的规定办理。

第三十四条 法律援助人员应当自法律援助案件结案之日起 30 日内向法律援助机构提交立卷材料。

诉讼案件以法律援助人员收到判决书、裁定书、调解书之日为结案日。仲裁案件或者行政复议案件以法律援助人员收到仲裁裁决书、行政复议决定书原件或者复印件之日为结案日；其他非诉讼法律事务以受援人与对方当事人达成和解、调解协议之日为结案日；无相关文书的，以义务人开始履行义务之日为结案日。法律援助机构终止法律援助的，以法律援助人员所属单位收到终止法律援助决定函之日为结案日。

第三十五条 法律援助机构应当自收到法律援助人员提交的立卷材料之日起 30 日内进行审查。对于立卷材料齐全的，应当按照规定通过法律援助人员所属单位向其支付办案补贴。

第三十六条 作出指派的法律援助机构应当对法律援助人员提交的立卷材料及受理、审查、指派等材料进行整理，一案一卷，统一归档管理。

第五章　附　　则

第三十七条 法律援助机构、律师事务所、基层法律服务所和法律援助人员从事法律援助活动违反本规定的，依照《中华人民共和国律师法》、《法律援助条例》、《律师和律师事务所违法行为处罚办法》等法律、法规和规章的规定追究法律责任。

第三十八条 法律援助文书格式由司法部制定。

第三十九条 本规定自2012年7月1日起施行。

中华人民共和国宪法（节录）

（1982年12月4日第五届全国人民代表大会第五次会议通过 1982年12月4日全国人民代表大会公告公布施行 根据1988年4月12日第七届全国人民代表大会第一次会议通过的《中华人民共和国宪法修正案》、1993年3月29日第八届全国人民代表大会第一次会议通过的《中华人民共和国宪法修正案》、1999年3月15日第九届全国人民代表大会第二次会议通过的《中华人民共和国宪法修正案》、2004年3月14日第十届全国人民代表大会第二次会议通过的《中华人民共和国宪法修正案》和2018年3月11日第十三届全国人民代表大会第一次会议通过的《中华人民共和国宪法修正案》修正）

……

第三十三条 凡具有中华人民共和国国籍的人都是中华人民共和国公民。

中华人民共和国公民在法律面前一律平等。

国家尊重和保障人权。

任何公民享有宪法和法律规定的权利，同时必须履行宪法和法律规定的义务。

……

中华人民共和国刑事诉讼法（节录）

（1979年7月1日第五届全国人民代表大会第二次会议通过　根据1996年3月17日第八届全国人民代表大会第四次会议《关于修改〈中华人民共和国刑事诉讼法〉的决定》第一次修正　根据2012年3月14日第十一届全国人民代表大会第五次会议《关于修改〈中华人民共和国刑事诉讼法〉的决定》第二次修正　根据2018年10月26日第十三届全国人民代表大会常务委员会第六次会议《关于修改〈中华人民共和国刑事诉讼法〉的决定》第三次修正）

……

第三十五条　犯罪嫌疑人、被告人因经济困难或者其他原因没有委托辩护人的，本人及其近亲属可以向法律援助机构提出申请。对符合法律援助条件的，法律援助机构应当指派律师为其提供辩护。

犯罪嫌疑人、被告人是盲、聋、哑人，或者是尚未完全丧失辨认或者控制自己行为能力的精神病人，没有委托辩护人的，人民法院、人民检察院和公安机关应当通知法律援助机构指派律师为其提供辩护。

犯罪嫌疑人、被告人可能被判处无期徒刑、死刑，没有委托辩护人的，人民法院、人民检察院和公安机关应当通知法律援助机构指派律师为其提供辩护。

第三十六条　法律援助机构可以在人民法院、看守所等场所派驻值班律师。犯罪嫌疑人、被告人没有委托辩护人，法律援助机构没有指派律师为其提供辩护的，由值班律师为犯罪嫌疑人、被告人提供法律咨询、程序选择建议、申请变更强制措施、对案件处理提出意见等法律帮助。

人民法院、人民检察院、看守所应当告知犯罪嫌疑人、被告人有权约见值班律师，并为犯罪嫌疑人、被告人约见值班律师提供便利。

……

第三十九条 辩护律师可以同在押的犯罪嫌疑人、被告人会见和通信。其他辩护人经人民法院、人民检察院许可，也可以同在押的犯罪嫌疑人、被告人会见和通信。

辩护律师持律师执业证书、律师事务所证明和委托书或者法律援助公函要求会见在押的犯罪嫌疑人、被告人的，看守所应当及时安排会见，至迟不得超过四十八小时。

危害国家安全犯罪、恐怖活动犯罪案件，在侦查期间辩护律师会见在押的犯罪嫌疑人，应当经侦查机关许可。上述案件，侦查机关应当事先通知看守所。

辩护律师会见在押的犯罪嫌疑人、被告人，可以了解案件有关情况，提供法律咨询等；自案件移送审查起诉之日起，可以向犯罪嫌疑人、被告人核实有关证据。辩护律师会见犯罪嫌疑人、被告人时不被监听。

辩护律师同被监视居住的犯罪嫌疑人、被告人会见、通信，适用第一款、第三款、第四款的规定。

……

第二百七十八条 未成年犯罪嫌疑人、被告人没有委托辩护人的，人民法院、人民检察院、公安机关应当通知法律援助机构指派律师为其提供辩护。

……

第二百九十三条 人民法院缺席审判案件，被告人有权委托辩护人，被告人的近亲属可以代为委托辩护人。被告人及其近亲属没有委托辩护人的，人民法院应当通知法律援助机构指派律师为其提供辩护。

……

第三百零四条 人民法院受理强制医疗的申请后，应当组成合议庭进行审理。

人民法院审理强制医疗案件，应当通知被申请人或者被告人的法定代理人到场。被申请人或者被告人没有委托诉讼代理人的，人民法院应当通知法律援助机构指派律师为其提供法律帮助。

……

中华人民共和国律师法（节录）

（1996年5月15日第八届全国人民代表大会常务委员会第十九次会议通过　根据2001年12月29日第九届全国人民代表大会常务委员会第二十五次会议《关于修改〈中华人民共和国律师法〉的决定》第一次修正　2007年10月28日第十届全国人民代表大会常务委员会第三十次会议修订　根据2012年10月26日第十一届全国人民代表大会常务委员会第二十九次会议《关于修改〈中华人民共和国律师法〉的决定》第二次修正　根据2017年9月1日第十二届全国人民代表大会常务委员会第二十九次会议《关于修改〈中华人民共和国法官法〉等八部法律的决定》第三次修正）

……

第二十八条　律师可以从事下列业务：

（一）接受自然人、法人或者其他组织的委托，担任法律顾问；

（二）接受民事案件、行政案件当事人的委托，担任代理人，参加诉讼；

（三）接受刑事案件犯罪嫌疑人、被告人的委托或者依法接受法律援助机构的指派，担任辩护人，接受自诉案件自诉人、公诉案件被害人或者其近亲属的委托，担任代理人，参加诉讼；

（四）接受委托，代理各类诉讼案件的申诉；

（五）接受委托，参加调解、仲裁活动；

（六）接受委托，提供非诉讼法律服务；

（七）解答有关法律的询问、代写诉讼文书和有关法律事务的其他文书。

……

第三十三条　律师担任辩护人的，有权持律师执业证书、律师事务所证明和委托书或者法律援助公函，依照刑事诉讼法的规定会见在押或者被监视居住的犯罪嫌疑人、被告人。辩护律师会见犯罪嫌疑人、被告人时不被监听。

第三十四条 律师担任辩护人的，自人民检察院对案件审查起诉之日起，有权查阅、摘抄、复制本案的案卷材料。

……

第四十二条 律师、律师事务所应当按照国家规定履行法律援助义务，为受援人提供符合标准的法律服务，维护受援人的合法权益。

……

第四十七条 律师有下列行为之一的，由设区的市级或者直辖市的区人民政府司法行政部门给予警告，可以处五千元以下的罚款；有违法所得的，没收违法所得；情节严重的，给予停止执业三个月以下的处罚：

（一）同时在两个以上律师事务所执业的；

（二）以不正当手段承揽业务的；

（三）在同一案件中为双方当事人担任代理人，或者代理与本人及其近亲属有利益冲突的法律事务的；

（四）从人民法院、人民检察院离任后二年内担任诉讼代理人或者辩护人的；

（五）拒绝履行法律援助义务的。

……

第五十条 律师事务所有下列行为之一的，由设区的市级或者直辖市的区人民政府司法行政部门视其情节给予警告、停业整顿一个月以上六个月以下的处罚，可以处十万元以下的罚款；有违法所得的，没收违法所得；情节特别严重的，由省、自治区、直辖市人民政府司法行政部门吊销律师事务所执业证书：

（一）违反规定接受委托、收取费用的；

（二）违反法定程序办理变更名称、负责人、章程、合伙协议、住所、合伙人等重大事项的；

（三）从事法律服务以外的经营活动的；

（四）以诋毁其他律师事务所、律师或者支付介绍费等不正当手段承揽业务的；

（五）违反规定接受有利益冲突的案件的；

（六）拒绝履行法律援助义务的；

（七）向司法行政部门提供虚假材料或者有其他弄虚作假行为的；

（八）对本所律师疏于管理，造成严重后果的。

律师事务所因前款违法行为受到处罚的，对其负责人视情节轻重，给予警告或者处二万元以下的罚款。

……

中华人民共和国
老年人权益保障法（节录）

（1996年8月29日第八届全国人民代表大会常务委员会第二十一次会议通过　根据2009年8月27日第十一届全国人民代表大会常务委员会第十次会议《关于修改部分法律的决定》第一次修正　2012年12月28日第十一届全国人民代表大会常务委员会第三十次会议修订　根据2015年4月24日第十二届全国人民代表大会常务委员会第十四次会议《关于修改〈中华人民共和国电力法〉等六部法律的决定》第二次修正　根据2018年12月29日第十三届全国人民代表大会常务委员会第七次会议《关于修改〈中华人民共和国劳动法〉等七部法律的决定》第三次修正）

……

第五十六条　老年人因其合法权益受侵害提起诉讼交纳诉讼费确有困难的，可以缓交、减交或者免交；需要获得律师帮助，但无力支付律师费用的，可以获得法律援助。

鼓励律师事务所、公证处、基层法律服务所和其他法律服务机构为经济困难的老年人提供免费或者优惠服务。

……

中华人民共和国妇女权益保障法（节录）

（1992年4月3日第七届全国人民代表大会第五次会议通过　根据2005年8月28日第十届全国人民代表大会常务委员会第十七次会议《关于修改〈中华人民共和国妇女权益保障法〉的决定》第一次修正　根据2018年10月26日第十三届全国人民代表大会常务委员会第六次会议《关于修改〈中华人民共和国野生动物保护法〉等十五部法律的决定》第二次修正）

……

第五十二条　妇女的合法权益受到侵害的，有权要求有关部门依法处理，或者依法向仲裁机构申请仲裁，或者向人民法院起诉。

对有经济困难需要法律援助或者司法救助的妇女，当地法律援助机构或者人民法院应当给予帮助，依法为其提供法律援助或者司法救助。

……

中华人民共和国
未成年人保护法（节录）

（1991年9月4日第七届全国人民代表大会常务委员会第二十一次会议通过　2006年12月29日第十届全国人民代表大会常务委员会第二十五次会议第一次修订　根据2012年10月26日第十一届全国人民代表大会常务委员会第二十九次会议《关于修改〈中华人民共和国未成年人保护法〉的决定》修正　2020年10月17日第十三届全国人民代表大会常务委员会第二十二次会议第二次修订　2020年10月17日中华人民共和国主席令第57号公布　自2021年6月1日起施行）

……

第一百零四条　对需要法律援助或者司法救助的未成年人，法律援助机构或者公安机关、人民检察院、人民法院和司法行政部门应当给予帮助，依法为其提供法律援助或者司法救助。

法律援助机构应当指派熟悉未成年人身心特点的律师为未成年人提供法律援助服务。

法律援助机构和律师协会应当对办理未成年人法律援助案件的律师进行指导和培训。

……

第一百一十一条　公安机关、人民检察院、人民法院应当与其他有关政府部门、人民团体、社会组织互相配合，对遭受性侵害或者暴力伤害的未成年被害人及其家庭实施必要的心理干预、经济救助、法律援助、转学安置等保护措施。

……

第一百一十六条 国家鼓励和支持社会组织、社会工作者参与涉及未成年人案件中未成年人的心理干预、法律援助、社会调查、社会观护、教育矫治、社区矫正等工作。

……

中华人民共和国残疾人保障法（节录）

（1990年12月28日第七届全国人民代表大会常务委员会第十七次会议通过 2008年4月24日第十一届全国人民代表大会常务委员会第二次会议修订 根据2018年10月26日第十三届全国人民代表大会常务委员会第六次会议《关于修改〈中华人民共和国野生动物保护法〉等十五部法律的决定》修正）

……

第六十条 残疾人的合法权益受到侵害的，有权要求有关部门依法处理，或者依法向仲裁机构申请仲裁，或者依法向人民法院提起诉讼。

对有经济困难或者其他原因确需法律援助或者司法救助的残疾人，当地法律援助机构或者人民法院应当给予帮助，依法为其提供法律援助或者司法救助。

……

图书在版编目（CIP）数据

中华人民共和国法律援助法条文解读与法律适用 / 江必新，夏道虎主编．—北京：中国法制出版社，2022.2
ISBN 978-7-5216-2491-5

Ⅰ．①中… Ⅱ．①江… ②夏… Ⅲ．①法律援助-法律解释-中国②法律援助-法律适用-中国 Ⅳ．①D926.05

中国版本图书馆 CIP 数据核字（2022）第 019724 号

策划编辑　马　颖
责任编辑　侯　鹏　王雯汀　　　封面设计　李　宁

中华人民共和国法律援助法条文解读与法律适用
ZHONGHUA RENMIN GONGHEGUO FALÜ YUANZHUFA TIAOWEN JIEDU YU FALÜ SHIYONG

主编/江必新　夏道虎
经销/新华书店
印刷/三河市紫恒印装有限公司
开本/710 毫米×1000 毫米　16 开　　　印张 / 15.5　字数 / 179 千
版次/2022 年 2 月第 1 版　　　2022 年 2 月第 1 次印刷

中国法制出版社出版
书号 ISBN 978-7-5216-2491-5　　　定价：59.00 元

北京市西城区西便门西里甲 16 号西便门办公区
邮政编码：100053　　　传真：010-63141852
网址：http：//www.zgfzs.com　　　**编辑部电话：010-63141824**
市场营销部电话：010-63141612　　　**印务部电话：010-63141606**

（如有印装质量问题，请与本社印务部联系。）